QuickPasta

QuickPasta

Rezepte: Emma Lewis

Jedes Gericht in drei Varianten
30 Minuten | 20 Minuten | 10 Minuten

First published in Great Britain in 2012 by Hamlyn, an imprint of Octopus Publishing Group Ltd, Endeavor House, 189 Shaftesbury Avenue, London WC2H 8JY. Titel der englischen Originalausgabe: Hamlyn QuickCook: Pasta. All rights reserved. © 2012 Octopus Publishing Group Ltd, London, GB

Für die deutsche Ausgabe: © 2013 Neuer Umschau Buchverlag GmbH, Neustadt an der Weinstraße

Rezepte: Emma Lewis
Übersetzung: Annerose Sieck, Neumünster
Lektorat: Sabine Durdel-Hoffmann, Essen
Herstellung: Ortrud Müller – Die Buchmacher, Köln

Printed and bound in China

ISBN: 978-3-86528-767-0

Besuchen Sie uns im Internet: www.umschau-buchverlag.de

Alle Rezepte gehen von den folgenden Mengenumrechnungen für Löffel-Maßangaben aus:
1 Esslöffel (Flüssigkeit oder gestrichen) = 15 ml
1 Teelöffel (Flüssigkeit oder gestrichen) = 5 ml

Bitte heizen Sie Ihren Ofen auf die angegebene Temperatur vor. Bei Heißluft- oder Umluftöfen folgen Sie bitte den Angaben des Herstellers zu Backtemperaturen und -zeiten.

Bitte verwenden Sie für die Rezepte mittelgroße Eier, sofern nicht anders angegeben. Dieses Buch enthält einige Rezepte mit rohen oder nur kurz gekochten Eiern. Gesundheitlich anfällige Personen (Schwangere, stillende Mütter, ältere Menschen, Kranke, Babys und Kleinkinder) sollten Gerichte mit ungekochten oder nur kurz gekochten Eiern meiden.

Dieses Buch enthält Rezepte, in denen Nüsse und Nussprodukte verwendet werden. Allergiker und Menschen, die anfällig für allergische Reaktionen gegen Nüsse sind (Schwangere, stillende Mütter, ältere Menschen, Kranke, Babys und Kleinkinder), sollten Rezepte mit Nüssen und Nussöl meiden. Wir empfehlen außerdem, die Etiketten der verwendeten Produkte auf Angaben zu enthaltenen Nüssen und/oder Nussprodukten zu prüfen.

Zubereitungen mit Alkohol sind nicht für Kinder und Jugendliche geeignet.

Inhalt

Snacks & Leichtes für zwischendurch 20

Für jeden Tag 72

Familienfavoriten 124

Gesund & köstlich 176

Kochen für Freunde 228

Einleitung

30, 20, 10 – schnell, schneller, am schnellsten

Mit diesem Kochbuch lässt sich auch mit wenig Zeit lecker kochen: Wählen Sie einfach das Rezept, das am besten in Ihren Zeitplan passt. Anregungen und Motivation für jeden Tag des Jahres finden Sie auf den folgenden Seiten.

So funktioniert's

Jedes der Rezepte kann auf dreierlei Art zubereitet werden: als 30-Minuten-Version, 20-Minuten-Version oder als super-schnelle 10-Minuten-Version. Am Anfang eines Kapitels sind alle Rezepte nach Zubereitungszeit aufgeführt. Wählen Sie aus, wofür Sie gerade Zeit haben und schlagen Sie die entsprechende Seite auf.

Auf jeder Doppelseite finden Sie ein Hauptrezept mit Foto und darunter zwei Varianten mit jeweils unterschiedlicher Zubereitungszeit.

Hat es Ihnen geschmeckt? Dann probieren Sie doch auch die anderen Versionen. Wenn Sie die Spaghetti mit Salsa verde und Grillhähnchen (20 Minuten) mögen, Sie aber nur 10 Minuten Zeit für die Zubereitung haben, können Sie das Rezept in der kürzeren Variante ausprobieren.

Sie mochten die Zutaten und den Geschmack der Chorizo-Paprika-Fiorelli (10 Minuten)? Dann probieren Sie doch auch die etwas aufwendigere Venusmuschel-Hähnchen-Pasta mit Chorizo und Safran (20 Minuten). Oder wählen Sie einfach ganz nach Geschmack eines der 360 köstlichen Rezepte und kochen dann die Version, die zu Ihrem Zeitbudget passt.

Noch mehr Anregungen finden Sie auf den Rezeptideenseiten 12 bis 19, dort sind die Rezepte nach Themen geordnet, zum Beispiel *Vegetarisches* oder *Pasta für Fleischliebhaber*.

Rund um die Pasta

Lange Zeit glaubte man, Marco Polo habe von seinen Chinareisen erstmals Nudeln nach Italien gebracht. Historiker jedoch gehen heute davon aus, dass Teigwaren bei den Bewohnern Europas schon seit römischen Zeiten auf dem Speisezettel standen. Pasta weist gute Nährwerte auf, lässt sich schnell kochen und auf abwechslungsreiche Weise zubereiten. In Italien finden Sie eine schier endlose Zahl unterschiedlicher Pastasorten. In Norditalien bevorzugt man dazu kräftige Saucen, etwa das berühmte Ragù alla bolognese oder das Pesto genovese. In Mittelitalien sind die Gerichte leichter, dort genießt man Carbonara und Amatriciana. In Süditalien enthalten Saucen reichlich Olivenöl, Tomaten und oft auch Gemüse und Meeresfrüchte. Pasta hat die Welt erobert: Es gibt so viele schnell zuzubereitende Gerichte von modernen Klassikern wie Sauce Alfredo über Pastagerichte, die von der mexikanischen Küche inspiriert wurden, bis hin zu Klassikern für Kinder, etwa Spaghetti bolognese.

Kochtechniken & Tipps

Pasta richtig garen

Pasta benötigt zum Kochen einen großen Topf und sehr viel Wasser – mindestens 3 l für 400 g, sonst gart sie nicht gleichmäßig und verklebt. Verwenden Sie zudem reichlich Salz – das Grundaroma sollte schon ein bisschen ans Meer erinnern: In den Topf gehört etwa 1 EL Salz. Das hört sich zunächst viel an, doch übrig bleiben lediglich eine Geschmacksnote und vor allem köstliche Pasta. Manch einer gibt etwas Olivenöl ins Wasser, aber wird Pasta richtig gekocht, bleibt das Olivenöl weg, damit die Sauce besser haftet.

Das Wasser muss richtig kochen, bevor Sie die Pasta auf einmal ins Wasser geben, damit sie gleichmäßig gar wird. Rühren Sie kräftig mit einem langen Löffel um, damit die Pasta nicht am Boden haftet, dann wieder aufkochen lassen. Weiter hin und wieder umrühren und, wenn es überkochen will, die Temperatur etwas drosseln. Die Garzeit läuft von dem Moment an, wenn das Wasser mit der Pasta wieder kocht. Sie hängt von der Pastasorte und der Marke ab. Frische Pasta braucht nur einige Minuten, andere aus Hartweizen benötigt rund 15 Minuten.

Wann ist die Pasta gar?

Probieren Sie die Pasta 2 Minuten vor Ablauf der Garzeit, die der Hersteller auf der Verpackung angegeben hat. Sie sollte al dente sein, das heißt, weich und zart, aber mit leichtem Biss. Zu lange gegarte Pasta, die an Brei erinnert, hat keinerlei Qualität mehr. Wird sie dagegen zu früh abgegossen, ist sie im Inneren wie Gips und schmeckt nach rohem Mehl.

Abgießen

Wenn die Pasta fertig ist, etwas Kochflüssigkeit abnehmen, Sie könnten sie später für die Sauce brauchen. Dann die Pasta in ein Sieb abgießen. Nicht vollständig abgießen, denn das restliche Wasser verdampft schnell und die Pasta könnte trocken werden. An ihr sollte noch etwas Wasser haften, wenn sie mit der Sauce gemischt wird.

Servieren

Einige servieren Pasta und Sauce getrennt, aber damit sich die Aromen vollständig entfalten können, sollte beides vermengt werden. Geben Sie die Pasta wieder in den Topf und gießen Sie die Sauce darüber. Sie brauchen so viel Sauce, dass die Pasta darin schwimmt, allerdings darf sie nicht darin ertrinken! Unter Umständen müssen Sie zusätzlich etwas von der Kochflüssigkeit zugeben. Servieren Sie sofort in vorgewärmten Tellern: Pasta wartet auf niemanden.

Zutaten & Vorratshaltung

Ein gut gefüllter Vorratsschrank gehört in jede Küche und es lohnt sich, Vorräte anzulegen. Die folgenden Fertigprodukte werden in einigen Rezepten verwendet, insbesondere in den 10-Minuten-Versionen. Manchmal sind vorgegarte Zutaten in guter Qualität und zu einem vernünftigen Preis erhältlich. Wenn es einmal schnell gehen soll, sind sie eine Alternative zum Selbstmachen.

Gläser mit Tomatensauce können die Grundlage eines köstlichen Gerichts bilden. Noch besser sind jedoch selbst vorbereitete und eingefrorene Produkte oder Bio-Produkte, die keine Zusatzstoffe enthalten. Als Zutat für Saucen schmecken z. B. gegarte und geschälte Maronen, die vakuumverpackt angeboten werden und sich gut halten. Karamellisierte Zwiebeln oder Röstzwiebeln erhalten Sie ebenfalls im Handel.

Wo rotes oder grünes Pesto und Hummus aus dem Glas genannt werden, meinen wir die frischen Sorten, die in der Delikatessenabteilung ihren Platz haben. Experimentieren Sie – Sie werden die Sorte finden, die Ihnen besonders gut schmeckt. Geröstete rote Paprika aus dem Glas oder vorgegarte Hülsenfrüchte wie Linsen oder Erbsen aus der Dose können die Kochzeit minimieren, denn sie müssen nicht über Nacht eingeweicht werden. Thunfisch und Sardinen aus der Dose sind eine gute Basis für eine schnell zubereitete, aber dennoch schmackhafte Sauce. Manchmal schlagen wir frische Tortellini oder Gnocchi vor, deren Garzeit kürzer ist als die getrockneter Produkte, die Sie aber genauso gut verwenden können. Gegarte Hähnchenbrust können Sie vorbereiten, sie hält sich einige Tage im Kühlschrank; es gibt sie auch vorgegart zu kaufen. Entscheiden Sie nach Ihrem Zeitbudget, ob Sie die Zutaten selbst zubereiten oder fertig kaufen wollen – auf gute Qualität achten!

Die richtige Pasta

Frisch oder getrocknet? Viele geben oft viel Geld für frische Pasta aus, aber es geht auch einmal anders. Richtig frische Pasta zu finden ist schon eine Herausforderung und Pasta selbst herzustellen ist ein zeitaufwendiger Prozess. Deshalb ist es oft besser, eine gute getrocknete Pasta zu verwenden. Die aus Italien stammende ist die beste, vielleicht, weil italienische Hersteller sich strikten Regelungen unterwerfen müssen. Nehmen Sie Pasta aus 100 Prozent Hartweizen. Sie behält Form, Textur und Aroma. Hartweizen macht Pasta bei der Herstellung leicht formbar – sie kann gedreht, gedehnt und gepresst werden, um Hunderte von verschiedenen Formen herzustellen. Zusätzlich gibt es Teigwaren mit Ei. Sie sind seidenglatt und passen sehr gut zu ursprünglich norditalienischen Saucen mit Butter und Sahne. Glatte Pasta schmeckt besser zu öligen Saucen, die im Süden beliebt sind. Wenn Sie das Glück haben, in Ihrer Nähe einen italienischen Laden zu finden, der selbst Pasta zubereitet, können Sie frische Pastascheiben kaufen. Anders als vorgegarte Lasagne aus der Kühltheke bleiben die Scheiben nur ein oder zwei Tage frisch. Sie müssen also schnell zu Ravioli, Tortellini oder Lasagne verarbeitet werden. Dunklere Vollkornnudeln werden aus Vollkornmehl, das gesünder als weißes Mehl ist, zubereitet, allerdings ist eine längere Garzeit erforderlich. In Reformhäusern oder in gut sortierten Supermärkten findet man auch glutenfreie Nudeln etwa aus Reis- oder Maismehl, die für alle geeignet sind, die an einer Weizenallergie leiden. Außerdem haben Sie die Wahl zwischen unterschiedlich eingefärbten Pastasorten – Spinatpasta, Rote-Bete-Pasta, Kürbispasta oder Tintenfischpasta.

Pastasorten

Es gibt nahezu jede Pastaform, die man sich vorstellen kann – von Motivpasta bis hin zu Klassikern wie Spaghetti. In der Regel teilt man Pasta in drei Kategorien ein: gefüllte Pasta wie etwa Tortelloni oder deren kleinere Cousins Tortellini, Ravioli und Cannelloni, lange Pasta-stränge und kurze Röhren und Motivpasta. Unabhängig von Ihrer Vor-liebe (und von dem, was Sie gerade im Haus haben) sollten Sie mög-lichst die Sorte verwenden, die zur jeweiligen Sauce passt. Allgemein gilt, dass kurze Röhren und Motivpasta besser zu stückigen Saucen passen, während lange Bandnudeln besser zu flüssigeren Saucen gereicht werden sollten.

Die bekanntesten Bandnudeln sind Spaghetti, aber auch die breiteren Linguine und die noch breiteren, flachen Tagliatelle sind genauso be-liebt wie die überaus dünne lange Engelshaarpasta. Probieren Sie auch einmal Bucatini, das sind dünne Röhrennudeln, oder Pappardel-le, sehr breite Bandnudeln.

Neben dem Liebling der Kinder, Makkaroni, sind vor allem die Röhren-nudeln Penne sehr beliebt. Sie können aber auch Muschelpasta wie Conchiglie verwenden. Oder wie wäre es mit den schmetterlingsähnli-chen Farfalle?

Betrachten Sie die genannten Pastasorten als Vorschläge – vielleicht finden Sie gerade keine Ferretti oder Lumaconi, kein Problem, alle Gerichte schmecken auch mit anderen, mit den übrigen Zutaten har-monierenden Sorten. Oder wählen Sie einfach nach Lust und Laune Ihre Lieblingspasta.

Eine Übersicht über die wichtigsten italienischen Pastasorten und eine Kurzbeschreibung finden Sie auf der hinteren Um-schlagklappe.

Wie viel Pasta pro Person?

Es gibt keine feste Regel, wie viel Pasta gekocht werden sollte. In Italien wird Pasta meist als Teil eines mehrgängigen Essens serviert, in anderen Ländern bildet sie das Hauptgericht. Doch über den Dau-men gepeilt rechnet man für ein Hauptgericht 100 g Pasta pro Person. Die Rezepte in diesem Buch können leicht nach unten oder oben ska-liert werden und es ist kein Problem, eine Handvoll mehr Pasta in den Topf zu geben, wenn Ihnen die Menge zu gering erscheint. Wenn Sie frische Pasta verwenden möchten, obwohl getrocknete im Rezept steht, sollten Sie ein Drittel mehr kochen.

Pasta al forno

Herzhaft und vollwertig: Ofengerichte, die das Wasser im Munde zusammenlaufen lassen

Rigatoni-Auflauf mit Pilzen 52

Hähnchen-Penne-al-forno
mit Speck und Spargel 86

Überbackene Tomaten-
Penne 128

Schinken-Zucchini-
Lasagne 142

Lasagnerollen mit Ricotta und
Paprika 146

Spirali-Brokkoli-Auflauf 164

Gebackene Fusilli mit Thunfisch
und Mais 168

Spinat-Ricotta-Cannelloni 172

Überbackene Penne mit Spinat und
Salsicce 174

Käse-Makkaroni mit
Tomaten 226

Blumenkohl-Gorgonzola-
Cannelloni 258

Makkaroni-Garnelen-
Gratin 266

Einfach einmal etwas anderes

Ideal für jeden Tag: Leichte, kreative Pastarezepte

Spaghetti-Nester mit
Speck 32

Kräuter-Fettuccine mit
Spiegelei 38

Hähnchen-Artischocken-
Frittata 62

Spanische Meeresfrüchte-
pasta 116

Farfalle mit Hack-Mais-Bällchen und
Paprikasauce 148

Meeresfrüchte-Spaghetti in
Sahnesauce 150

Käse-Makkaroni
aus der Pfanne 160

Butternusskürbis-Lasagne
mit Ricotta 188

Scharfe Reis-Linsen-Vermicelli 202

Tacconelli in Wodkasauce mit
Pancetta 240

Lachs-Zucchini-Pasta 242

Süßkartoffeltaschen mit
Salbeibutter und Amaretti 278

Suppen und Salate

Gesunde Vorspeisen, aber auch für zwischendurch oder als Hauptgericht

Minestrone mit Erbsen, Zucchini und Pesto 24

Würzige Fischsuppe 36

Pastasalat auf griechische Art 44

Lachs-Pasta-Salat mit Dilldressing 48

Frischer Kräuter-Kritharaki-Salat 50

Gigli-Paprika-Salat mit Rucola 64

Klassische Minestrone 132

Trofie-Salat mit Tomaten und Rucola 136

Tomatensuppe mit Buchstabennudeln 140

Geflügelbällchen-Farfalline-Suppe 182

Pasta niçoise 190

Venusmuschel-Tomaten-Brühe 232

Schnelle Spaghetti mit Pfiff

10-Minuten-Versionen, die sich für alle Gelegenheiten variabel zubereiten lassen

Spaghettini mit Tomaten-Basilikum-Butter 68

Spaghetti mit Brunnenkressepesto und Gorgonzola 80

Spaghetti in Anchovissauce mit Zitrone und Rucola 88

Spaghetti mit Salsa verde und Grillhähnchen 94

Spaghetti carbonara 130

Spaghetti bolognese mit Knoblauchwurst 158

Spaghetti mit Rucola, Chili und Ricotta 184

Spaghetti mit Grünkohl und Gruyère 192

Spaghetti mit Thunfischbällchen 206

Walnuss-Spaghetti mit Paprika 214

Spaghetti mit Seeteufel, Muscheln und Fenchel 248

Schwarze Spaghetti mit Tintenfisch 254

Fisch und Meeresfrüchte

Ein Medley aus frischen Fischgerichten, die mittags und abends schmecken

Cannellini-Thunfisch-Ferretti mit
Gremolata 70

Linguine mit Muscheln und
Tomaten 92

Zitronen-Conchiglie mit Thunfisch
und Kapern 100

Bucatini mit Sardinen und
Fenchel 112

Conchiglie mit Lachs
und Porree 166

Gnocchi mit Lachs in Chili-Tomaten-
Sauce 218

Thunfisch-Sashimi-Linguine
mit Rucola 234

Frische Krebs-Vermicelli 236

Seebarschfilet mit warmem
Pastasalat und Basilikumöl 252

Räucherlachs-Rucola-
Casareccia 268

Fettuccine mit Hummer 270

Cannelli in Tomatensauce mit
Garnelen 274

Herzhafte Pasta mit Käse

Aromatische Zutaten, die auf der Zunge zergehen

Spaghetti mit Rote-Bete-Sauce und Ziegenkäse 26

Penne mit Brokkoli und Gorgonzola-sauce 34

Kräuter-Ziegenkäse-Pasta 46

Fusilli lunghi mit Aubergine und Mozarella 82

Gnocchi mit Porree und Gorgonzola 106

Linguine mit Chicorée, Pancetta und Mascarpone 108

Rigatoni mit Garnelen-Tomaten-Sauce und Feta 110

Süßkartoffel-Spinat-Penne mit Feta 120

Vier-Käse-Pasta mit Brunnenkressesalat 134

Erbsen-Fusilli mit Speck und Ricotta 138

Spinat-Conchiglie mit Ziegenkäse und Walnüssen 196

Tomaten-Ziegenkäse-Ravioli mit Basilikumöl 244

Vegetarisches

Pastarezepte ohne Fleisch, ideal für die ganze Familie

Kichererbsen-Conchigliette-Suppe 28

Artischocken-Oliven-Linguine mit Zitrone 30

Frühlings-Tortelloni mit Ricotta 56

Chili-Kapern-Tagliatelle mit Ciabattacroûtons 78

Fusilli lunghi mit Aubergine und Mozzarella 82

Tagliatelle mit Pesto und Schmortomaten 162

Frische Nudelsuppe mit Kichererbsen und Kidneybohnen 180

Tagliatelle mit Pilzbolognese 194

Fusilli mit Linsen, Grünkohl und karamellisierten Zwiebeln 198

Farfalle mit Spargel und Dicken Bohnen 208

Penne mit Brokkoli, Chili und Knoblauch 224

Spargel-Cappellacci in Wildpilzrahm 262

Pasta für Fleischliebhaber

Köstliche Rezepte mit Fleisch für jede Gelegenheit

Chorizo-Paprika-Fiorelli 90

Hähnchen-Fusilli mit Paprika-Mandel-Pesto 104

Linguine mit Lamm und Chili 118

Lumaconi mit Pilzen und Hack in Weißweinsauce 122

Hähnchen-Fettuccine Alfredo 144

Mozarellahähnchen mit Tomaten-Fusilli-lunghi 152

Würzige Salsiccia-Chifferi 154

Lammkoteletts mit Anchovis-Zucchini-Tagliatelle 246

Salsicce-Peperonata-Radiatori 250

Gnocchetti sardi mit Wild und Maronen 256

Mafaldine mit Entenconfit und Pancetta 260

Tagliatelle mit Rindersteak und Ragù 276

QuickPasta

Snacks & Leichtes für zwischendurch

Rezepte nach Zubereitungszeit

3O

2O

Minestrone mit Erbsen, Zucchini und Pesto

Für 4 Personen

1 EL Olivenöl
1 Zwiebel, fein gehackt
50 ml trockener Weißwein
1,5 l heiße Hühnerbrühe
2 Zucchini, gewürfelt
125 g Erbsen aus der Dose
125 g Makkaroni
1–2 EL Crème fraîche
4 EL grünes Pesto
Salz und frisch gemahlener Pfeffer

- Das Olivenöl in einem Topf erhitzen, die Zwiebeln zugeben und in 5 Minuten weich dünsten. Mit Wein ablöschen, aufkochen und so lange köcheln, bis die Flüssigkeit zur Hälfte reduziert ist. Die Brühe zugießen und 5 Minuten köcheln lassen.

- Die Zucchini zugeben und 5 Minuten köcheln, dann die Erbsen hinzufügen.

- In der Zwischenzeit die Makkaroni in reichlich Salzwasser al dente garen. Abgießen und mit Crème fraîche in die Suppe geben. 1 Minute köcheln lassen und abschmecken.

- Suppe in Schalen anrichten, jeweils einen Löffel Pesto daraufgeben. Mit reichlich Brot servieren.

 Minestrone mit Frühlingszwiebeln und Zucchini In einem Topf 1 EL Butter zerlassen, 3 gehackte Frühlingszwiebeln darin weich dünsten. 1,5 l heiße Hühnerbrühe, 2 gewürfelte Zucchini und 125 g Farfallini zugeben und das Ganze 5 Minuten köcheln, bis die Pasta gar ist. 125 g Erbsen aus der Dose 2 Minuten vor Ende der Garzeit zugeben. Mit Salz und Pfeffer würzen und mit einem Tupfer Pesto sofort servieren.

 **Minestrone mit Minzpesto-Toasts** Aus 1 fein gehackten und in 1 EL Olivenöl weich gedünsteten Zwiebel, 50 ml trockenem Weißwein, 1,5 l heißer Hühnerbrühe, 2 gewürfelten Zucchini, 125 g Erbsen, 125 g Makkaroni und 1–2 EL Crème fraîche eine Minestrone zubereiten. In der Zwischenzeit 25 g Haselnüsse leicht rösten. Mit ½ entkernten, gehackten roten Chili und 1 Handvoll Minzeblättern sowie 1 Spritzer Zitronensaft und 1 EL Olivenöl zu einem glatten Pesto rühren. 4 Scheiben Ciabatta toasten, mit Pesto bestreichen und 75 g Ziegenkäse darüberkrümeln. Die Suppe abschmecken, anrichten und die Toasts darauflegen.

 # Spaghetti mit Rote-Bete-Sauce und Ziegenkäse

Für 4 Personen

1 EL Butter

1 Zwiebel, in dünne Scheiben geschnitten

250 g gegarte Rote Bete, gewürfelt

125 ml trockener Weißwein

200 ml heiße Hühner- oder Gemüsebrühe

400 g Spaghetti

75 g fester Ziegenkäse, in 4 dicke
Scheiben geschnitten

75 g Schmand

Salz und frisch gemahlener Pfeffer

1 Handvoll Dillspitzen zum Garnieren

- In einem großen Topf die Butter zerlassen und die Zwiebeln darin in 5 Minuten weich dünsten. Rote Bete und Weißwein zugeben und weitere 5 Minuten köcheln, bis der Wein zur Hälfte reduziert ist. Die Brühe zugießen und 5 Minuten köcheln.

- Den Backofengrill auf 180 °C vorheizen. In der Zwischenzeit die Spaghetti in reichlich Salzwasser al dente garen. Ziegenkäsescheiben auf ein mit Backpapier belegtes Blech geben und unter dem vorgeheizten Backofengrill in 3 Minuten goldbraun grillen.

- Den Schmand zur Roten Bete geben und abschmecken. Spaghetti abgießen und in tiefen Tellern anrichten. Rote-Bete-Sauce und jeweils eine Scheibe Ziegenkäse daraufgeben und mit Dillspitzen garnieren.

 **Rote-Bete-Ziegenkäse-Spaghettti** 400 g Spaghetti al dente kochen. 250 g gegarte, gewürfelte Rote Bete und 125 g Ziegenkäse im Mixer zu einer stückigen Sauce pürieren. Pasta abgießen, dabei etwas Kochflüssigkeit auffangen und die Pasta wieder in den Topf geben. Sauce und ggf. etwas Kochflüssigkeit unterrühren, mit Salz und Pfeffer würzen. Mit geriebenem Parmesan bestreut servieren.

 **Gebratene Capelli mit Brunnenkressesalat** 250 g Capelli d'angelo al dente garen. Abgießen, kalt abschrecken und abtropfen lassen. 150 g gegarte Rote Bete in eine große Schüssel reiben, mit der Pasta mischen und 1 verquirltes Ei unterrühren, abschmecken. In einer Pfanne 1 EL Olivenöl erhitzen, die Pastamischung in 8 Portionen nacheinander hineingeben und jeweils 2 Minuten braten, dann wenden und weitere 2–3 Minuten braten. Herausnehmen und warm halten. 100 g Brunnenkresse, 1 EL Sherryessig, 3 EL extra natives Olivenöl und die abgeriebene Schale von ½ unbehandelten Zitrone vermengen, würzen. Die Pasta mit Salat darauf anrichten und 75 g zerkrümelten Ziegenkäse darüber verteilen.

Kichererbsen-Conchigliette-Suppe

Für 4 Personen

2 EL Olivenöl

1 Zwiebel, gehackt

1 Knoblauchzehe, zerdrückt

Nadeln von 1 Rosmarinzweig oder
1 Prise getrockneter Rosmarin

1 TL Tomatenmark

1 Prise Chiliflocken zzgl. Chiliflocken
zum Bestreuen

2 Dosen Kichererbsen (je 400 g),
abgespült und abgetropft

1,5 l Hühnerbrühe

150 g Conchigliette

Salz und frisch gemahlener Pfeffer

1 Handvoll gehackte glatte Petersilienblätter zum Bestreuen

40 g gehobelter Parmesan zum Bestreuen

- In einem großen Topf das Öl erhitzen und Zwiebeln und Knoblauch darin in 5 Minuten weich dünsten. Rosmarin, Tomatenmark und Chiliflocken einrühren. Kichererbsen und Brühe hinzufügen und alles 12 Minuten köcheln lassen. Topf vom Herd nehmen.

- Die Hälfte der Kichererbsen mit einem Schaumlöffel aus dem Topf nehmen und beiseitestellen. Die restliche Kichererbsenmischung fein pürieren und abschmecken.

- Die Conchigliette und die ganzen Kichererbsen sowie das Kicher-erbsenpüree wieder in den Topf geben, diesen wieder auf den Herd stellen und die Pasta in 5–7 Minuten garen.

- Die Suppe in Schalen anrichten und mit Petersilienblättern, Chiliflo-cken und Parmesan bestreut servieren.

 Kichererbsen-Hum-mus-Suppe 150 g Conchigliette, 2 Dosen abgespülte, abgetropfte Kichererbsen (je 400 g) und 1,5 l heiße Hühnerbrühe in einen großen Topf geben und 8 Minuten köcheln. Kurz vor dem Servieren 5 EL Hummus aus roter Paprika aus dem Glas unterrühren und mit Salz und Pfeffer würzen. Mit reichlich ge-hackten glatten Petersilienblättern bestreut servieren.

 **Conchigliette-Suppe mit Kichererbsen-sugo** In einem Topf 1 gehackte Zwiebel und 1 zerdrückte Knoblauch-zehe in 2 EL ÖL dünsten, 1 gehackte Selleriestange und 1 geputzte und gewürfelte Karotte zugeben. 1 Prise getrockneten Rosmarin, 1 TL Toma-tenmark, 1 Prise Chiliflocken, 2 Do-sen Kichererbsen (je 400 g) und 1,5 l heiße Hühnerbrühe zugeben und etwa 12 Minuten köcheln. 150 g Con-chigliette 7 Minuten vor Ende der Garzeit in den Topf geben. In der Zwischenzeit die Nadeln von 2 Ros-marinzweigen, die Blätter von ½ Bund glatter Petersilie und 1 ge-hackte Knoblauchzehe zu einer Pas-te mixen. Mit 1 guten Spritzer Zitro-nensaft und 1 EL Olivenöl zu einer Sauce verrühren und mit Salz und Pfeffer würzen. Die Suppe in Schalen anrichten, die Sauce daraufgeben und durch die Suppe ziehen.

Artischocken-Oliven-Linguine mit Zitrone

Für 4 Personen

400 g Linguine

125 g Artischockenherzen in Öl aus der Dose, abgetropft

3 EL extra natives Olivenöl

Saft und abgeriebene Schale von 1 unbehandelten Zitrone

75 g schwarze Oliven

Salz und frisch gemahlener Pfeffer

1 Handvoll gehackte glatte Petersilienblätter zum Bestreuen

80 g gehobelter Parmesan zum Bestreuen

- Die Linguine in reichlich Salzwasser al dente garen. Abgießen, etwas Kochflüssigkeit beiseitestellen.

- Linguine wieder in den Topf geben und die übrigen Zutaten unterrühren. Ggf. etwas Kochflüssigkeit zugeben. Mit Salz und Pfeffer abschmecken.

- Die Pasta in tiefen Tellern anrichten und mit Petersilienblättern und Parmesan bestreut servieren.

2 Linguine mit Zitronenhähnchen, Artischocke und Olive

In einer Pfanne 1 EL Olivenöl erhitzen. 2 Hähnchenbrüste ohne Knochen und 4 Scheiben gewürfelten durchwachsenen Speck in die Pfanne geben und 10–15 Minuten braten. Hin und wieder umrühren, das Hähnchenfleisch wenden. 2 Frühlingszwiebeln und 1 Knoblauchzehe in Scheiben schneiden und zugeben, weitere 2 Minuten dünsten. In der Zwischenzeit 400 g Linguine al dente garen. Fleisch aus der Pfanne nehmen, die Haut abziehen, das Fleisch in kleine Stücke schneiden. Wieder in die Pfanne geben und 125 g abgetropfte Artischockenherzen und 75 g schwarze Oliven unterrühren. 1 Spritzer Zitronensaft und 3 EL Crème fraîche zugeben und erhitzen. Pasta abgießen und wieder in den Topf geben. Mit der Hähnchenmischung vermengen, mit Salz und Pfeffer würzen und mit 1 Handvoll gehackten glatten Petersilienblättern bestreut sofort servieren.

3  Frittata mit Artischocke, Oliven und Minze

200 g Penne al dente garen. Abgießen, mit kaltem Wasser abschrecken und abtropfen lassen. Wieder in den Topf geben und mit 6 verquirlten Eiern, 125 g abgetropften Artischockenherzen und 75 g schwarzen Oliven vermengen. 1 Handvoll gehackte Minzeblätter und die abgeriebene Schale von 1 unbehandelten Zitrone untermischen, abschmecken. In einer großen Pfanne 1 EL Olivenöl erhitzen, die Mischung hineingeben und bei schwacher Hitze in etwa 15 Minuten stocken lassen, ggf. kurz unter den Backofengrill stellen. In Stücke geschnitten servieren.

Spaghetti-Nester mit Speck

Für 4 Personen

6 Scheiben durchwachsener Speck
400 g Spaghetti
5 Eier, verquirlt
125 g Sahne
50 g Gruyère, gerieben
1 Handvoll gehackte glatte Petersilienblätter zum Bestreuen
Salz und frisch gemahlener Pfeffer
Butter zum Einfetten der Form

- Den Backofengrill auf 200 °C vorheizen. Den Speck unter dem vorgeheizten Backofengrill 7 Minuten backen. Dann in kleine Stücke schneiden, beiseitestellen.

- In der Zwischenzeit die Spaghetti in reichlich Salzwasser al dente garen. Abgießen, kalt abschrecken und abtropfen lassen. In etwa 2,5 cm lange Stücke schneiden.

- Eier, Sahne und drei Viertel des Käses verrühren und würzen. Mit Pasta und Speck vermengen.

- Die Vertiefungen einer Muffinform einfetten. Jeweils etwas von der Pastamischung in die Mulden geben (die Mulden sollten nahezu gefüllt sein) und die Pasta mit dem restlichen Käse bestreuen. Im vorgeheizten Backofen 15–20 Minuten backen. Mit Petersilienblättern bestreut servieren.

Speck-Spaghetti mit Semmelbröseln Den Backofengrill auf 200 °C vorheizen. 4 Scheiben durchwachsenen Speck unter dem Backofengrill 7 Minuten backen, dann fein würfeln. 400 g Spaghetti al dente garen. In einer Pfanne 1 EL Olivenöl erhitzen und die Brösel von 2 frischen Weißbrotscheiben darin knusprig braten. Pasta abgießen und wieder in den Topf geben. Speck, 3 EL Crème fraîche und 1 Handvoll gehackte Basilikumblätter unterrühren und abschmecken, mit Semmelbröseln bestreuen.

Spaghetti mit karamellisierter Zwiebel und Parmaschinken In einer Pfanne bei schwacher Hitze 1 EL Olivenöl erhitzen. 1 Zwiebel und 1 Knoblauchzehe in Scheiben schneiden und in 5–10 Minuten goldgelb braten. 400 g Spaghetti al dente garen, abgießen und wieder in den Topf geben. 2 EL Crème fraîche und 4 in Streifen geschnittene Scheiben Parmaschinken mit den Zwiebeln und dem Knoblauch mischen. Unter die Spaghetti mengen, würzen und sofort servieren.

Penne mit Brokkoli und Gorgonzola-sauce

Für 4 Personen

400 g Penne
1 kleiner Brokkoli, in Röschen geteilt
150 g weicher Gorgonzola
50 g Sahne
Salz und frisch gemahlener Pfeffer

- Die Penne in reichlich Salzwasser al dente garen. Brokkoli 5 Minuten vor Ende der Garzeit zugeben und weich köcheln.

- In der Zwischenzeit den Käse in eine Schüssel geben und zu einer glatten Masse zerdrücken, dann die Sahne einrühren.

- Penne abgießen – etwas Kochflüssigkeit auffangen – und wieder in den Topf geben. Mit der Käsesauce vermengen, ggf. etwas Kochflüssigkeit zufügen. Gut würzen und sofort servieren.

Cotoletta-Gorgonzola-Penne 2 dicke Schnitzel mit Öl bestreichen und unter dem auf 200 °C vorgeheizten Backofengrill 5–7 Minuten von jeder Seite grillen. In Scheiben schneiden. 300 g Penne al dente garen und 1 kleinen Brokkoli, in Röschen geteilt, 5 Minuten vor Ende der Garzeit zugeben, weich köcheln. 150 g Gorgonzola zerdrücken und 50 g Sahne einrühren. Penne abgießen und mit Sauce und Fleisch vermengen, ggf. etwas Kochflüssigkeit zugeben. Gut würzen und sofort servieren.

Brokkoli-Gorgonzola-Gratin 400 g Penne al dente garen und 1 Brokkoli, in Röschen zerteilt, 5 Minuten vor Ende der Garzeit zugeben und weich köcheln. Den Backofen auf 200 °C vorheizen. In einem Topf 50 g Butter zerlassen, 50 g Mehl einrühren und so eine Mehlschwitze zubereiten. Nach und nach 500 ml Milch einrühren und 5–10 Minuten köcheln lassen, bis die Mehlschwitze eindickt. 150 g klein geschnittenen Gorgonzola unterrühren. Pasta und Brokkoli abgießen und mit der Sauce mischen. Mit Salz und Pfeffer würzen. Das Ganze in eine Auflaufform geben und mit ca. 125 g geriebenem Mozzarella bestreuen. 5–10 Minuten im vorgeheizten Backofen überbacken.

Würzige Fischsuppe

Für 4 Personen

2 EL Olivenöl

1 Knoblauchzehe, in Scheiben geschnitten

1 rote Chili, entkernt und fein gehackt, zzgl. Chilischeiben zum Garnieren

½ TL gemahlener Kreuzkümmel

1 TL Paprikapulver

1,5 l Fischbrühe

1,5 kg weißer Fisch, z. B. Kabeljau oder Rotbarsch, ohne Haut und Gräten, in mundgerechte Stücke geschnitten

150 g Stelline

Saft von ½ Zitrone

Salz und frisch gemahlener Pfeffer

Korianderstängel zum Garnieren

- In einem großen Topf das Olivenöl erhitzen, Knoblauch und Chili darin 30 Sekunden braten. Kreuzkümmel und Paprikapulver einrühren, dann mit der Fischbrühe ablöschen.

- Aufkochen lassen, dann die Temperatur reduzieren. Würzen, den Fisch zugeben und 5 Minuten köcheln.

- Die Stelline zugeben und alles weitere 7–10 Minuten köcheln, dann sollten Fisch und Pasta gar sein.

- In Suppentellern anrichten und den Zitronensaft darüberträufeln. Mit Korianderstängeln und Chilischeiben bestreut servieren.

Tomaten-Garnelen-Suppe 300 g Tomatensauce aus dem Glas und 750 ml Fischbrühe in einen Topf geben und aufkochen. 1 entkernte und fein gehackte rote Chili, ½ TL gemahlenen Kreuzkümmel, 1 TL Paprikapulver und 150 g Stelline zugeben, etwa 7 Minuten köcheln. 150 g geschälte und gegarte Garnelen 2 Minuten vor Ende der Garzeit hinzufügen und in der Suppe erhitzen, abschmecken. Sofort servieren.

Backfisch mit Kräuter-Linguine Den Backofen auf 190 °C vorheizen. 4 dicke Kabeljaufilets oder andere weiße Fischfilets mit 1 EL Olivenöl bestreichen, in eine Auflaufform legen und mit ½ TL gemahlenem Kreuzkümmel und 1 TL Paprikapulver bestreuen. 5 Minuten marinieren lassen. Im vorgeheizten Backofen in 10–15 Minuten garen. In der Zwischenzeit 300 g Linguine al dente garen, abgießen und abtropfen lassen. Wieder in den Topf geben und 3 EL extra natives Olivenöl, 1 Spritzer Zitronensaft, 1 zerdrückte Knoblauchzehe und jeweils 1 Handvoll gehackte Minze- und Korianderblätter untermischen und abschmecken. Die Kräuter-Linguine zum Backfisch servieren.

Kräuter-Fettuccine mit Spiegelei

Für 4 Personen

400 g Fettuccine

15 g geriebener Parmesan zzgl.
  2 EL Parmesan zum Bestreuen

1 Handvoll gehackte glatte Petersilienblätter zzgl. Petersilienblätter zum Bestreuen

3 EL Olivenöl

1 Knoblauchzehe, fein gehackt

4 Eier

1 Prise getrocknete Chiliflocken

Salz und frisch gemahlener Pfeffer

- Die Fettuccine in reichlich Salzwasser al dente garen. Abgießen, etwas Kochflüssigkeit auffangen, die Pasta wieder in den Topf geben. Mit Parmesan, Petersilienblättern und etwas Kochflüssigkeit mischen. Gut abschmecken.

- In der Zwischenzeit in einer großen Pfanne das Olivenöl erhitzen und den Knoblauch darin 15 Sekunden anbraten. Dann die Eier aufschlagen und in die Pfanne gleiten lassen. 3 Minuten braten, bis das Eiweiß fest, das Eigelb aber noch weich und flüssig ist.

- Pasta in tiefen Tellern anrichten. Jeweils ein Spiegelei daraufsetzen. Mit Chiliflocken, gehackten Petersilienblättern und Parmesan bestreut servieren.

Spargel-Fettuccine mit Spiegelei Den Backofengrill auf mittlere Temperatur vorheizen. 150 g geputzte und geschälte Spargelstangen mit 1 EL Olivenöl mischen, dann unter dem vorgeheizten Backofengrill 5 Minuten leicht bräunen, zwischendurch einmal wenden. In mundgerechte Stücke schneiden. 400 g Fettucine al dente garen. In einer Pfanne 1 EL Olivenöl erhitzen und 4 Wachteleier 2 Minuten braten. Spargel und 1 Handvoll gehackte glatte Petersilienblätter mit den Fettucine vermengen, abschmecken und anrichten. Spiegeleier daraufsetzen und mit geriebenem Parmesan bestreuen.

Salsiccia-Pilz-Fettuccine In einer großen Pfanne 1 EL Olivenöl erhitzen, 6 Salsicce (pikante italienische Würste) zugeben und bei mittlerer Temperatur in ca. 20 Minuten gar braten. Aus der Pfanne nehmen, etwas abkühlen lassen und in mundgerechte Stücke schneiden. 1 Handvoll geputzte und halbierte Mischpilze in die Pfanne geben und 1–2 Minuten braten, dann 100 g Kirschtomaten so lange darin braten, bis diese weich werden. 400 g Fettucine al dente garen und in einer Pfanne mit 3 EL erhitztem Olivenöl und 1 fein gehackten Knoblauchzehe 4 Spiegeleier zubereiten. Pasta abgießen und mit Wurst, Pilzen und Tomaten vermengen. Mit Salz und Pfeffer würzen. In tiefen Tellern anrichten, jeweils ein Spiegelei daraufsetzen und mit gehackten glatten Petersilienblättern und geriebenem Parmesan bestreut sofort servieren.

Knoblauchöl-Tagliatelle

Für 4 Personen

125 ml extra natives Olivenöl
2 Knoblauchzehen, klein geschnitten
½ rote Chili, entkernt und fein gehackt
400 g gemischte Spinat- und Ei-
   Tagliatelle
Salz und frisch gemahlener Pfeffer
1 Handvoll Basilikumblätter zum
   Garnieren

- In einem kleinen Topf das Olivenöl und den Knoblauch bei sehr schwacher Hitze in etwa 7 Minuten goldbraun braten. Topf vom Herd nehmen und die Chili zugeben.

- In der Zwischenzeit die Tagliatelle in reichlich Salzwasser al dente garen.

- Die Pasta abgießen, etwas Kochflüssigkeit auffangen. 2 EL Kochwasser zu Knoblauch und Chili geben und zu einer Sauce verrühren. Würzen und mit den Tagliatelle mischen. Ggf. weiteres Kochwasser unterrühren.

- Auf flachen Tellern anrichten und mit Basilikumblättern bestreut servieren.

Tagliatelle mit Knoblauchsauce Den Backofen auf 160 °C vorheizen. In einer kleinen Bratform 8 ungeschälte Knoblauchzehen mit 2 EL Olivenöl vermengen. Im vorgeheizten Backofen in 15 Minuten weich garen. Die Zehen aus ihren Schalen pressen und in einer Schüssel mit 3 EL Crème fraîche verrühren. In der Zwischenzeit 400 g Spinat- und Ei-Tagliatelle al dente garen. Unter die Knoblauchsauce rühren, würzen und ggf. etwas Kochflüssigkeit zugeben. Mit geriebenem Parmesan bestreut servieren.

Knoblauch-Zwiebel-Tagliatelle In einer Pfanne 1 EL Olivenöl erhitzen und 1 in Ringe geteilte Zwiebel bei schwacher Hitze in 5-10 Minuten bräunen. In einem Topf 40 g Butter zerlassen, 3 klein geschnittene Knoblauchzehen, 1 geputzte und in Scheiben geschnittene Porreestange, 1 in Scheiben geschnittene rote Zwiebel und 3 klein geschnittene Frühlingszwiebeln zugeben und in etwa 5 Minuten weich dünsten. 75 ml Hühnerbrühe zugießen und 5 Minuten köcheln, bis die Flüssigkeit nahezu verkocht ist. 400 Spinat- und Ei-Tagliatelle al dente garen. Mit der Zwiebel-Knoblauch-Mischung vermengen. Mit Schnittlauchröllchen und geriebenem Pecorino bestreut servieren.

Pastanester mit Rührei und Lachs

Für 4 Personen

300 g Capelli d`angelo

6 EL Olivenöl

4 Eier

3 EL Mascarpone

1 Handvoll geriebener Parmesan

4 Räucherlachsscheiben, in dünne
 Streifen geschnitten

Salz und frisch gemahlener Pfeffer

½ Handvoll Schnittlauchröllchen zum
 Bestreuen

- Capelli d`angelo in reichlich Salzwasser garen. Abgießen, kalt abschrecken und abtropfen lassen. In einer Schüssel mit 1 TL Olivenöl mischen. Ein Ei verquirlen und mit der Pasta mischen.

- In einer großen Pfanne 5 EL Olivenöl erhitzen. Die Pasta mit einer Gabel zu Pastanestern (ca. 3 cm Durchmesser) zusammendrehen, vier davon in die Pfanne setzen und 2 Minuten braten. Die Nester mit einem Löffel etwas flach drücken. Nester wenden und 1 weitere Minute braten. Aus der Pfanne nehmen und warm halten. Insgesamt zwölf Nester braten.

- In eine kleine Pfanne drei Eier schlagen und Mascarpone daraufgeben, gut würzen. Bei schwacher Hitze einige Minuten braten, bis die Eier gerade fest werden, dann 3–5 Minuten unter Rühren weiterbraten. Parmesan zugeben und würzen. Jeweils drei Pastanester auf einen tiefen Teller setzen, etwas von dem Rührei darübergeben und Lachsstreifen an die Seite legen. Mit Schnittlauchröllchen bestreut servieren.

Lachs-Carbonara

400 g Capelli d`angelo al dente garen. In einer Schüssel 2 EL Mascarpone und 1 verquirltes Ei verrühren. Pasta abgießen, etwas Kochflüssigkeit aufbewahren. Pasta wieder in den Topf geben. Mit der Ei-Mascarpone-Mischung und 4 in Streifen geschnittenen Räucherlachsscheiben mischen. Mit Salz und Pfeffer würzen und ggf. etwas Kochwasser zugeben. Mit jeweils einem Klecks Mascarpone und Schnittlauch bestreut servieren.

Gebratener Lachs mit zarter Spargelpasta

Saft und Schale von 1 unbehandelten Zitrone, 250 ml trockenen Weißwein und 1 Lorbeerblatt in einen Topf geben und bei mittlerer Hitze in 5–10 Minuten reduzieren. 250 g Sahne zugießen und weitere 5–10 Minuten zur Hälfte einkochen. Warm halten. 4 dünne Lachssteaks mit reichlich frisch gemahlenem Pfeffer bestreuen und 1 EL Olivenöl in einer großen Pfanne erhitzen. Lachs von jeder Seite 5 Minuten darin braten.

Dann sollte das Fleisch weich und gar sein. Beiseitestellen. In der Zwischenzeit 300 g Linguine al dente garen. 3 Minuten vor Garende 150 g Spargelspitzen in den Topf geben. Die Saucenreduktion durch ein Sieb passieren, würzen und mit 1 Eigelb und 1 Handvoll Schnittlauchröllchen mischen. Pasta und Spargel abgießen und wieder in den Topf geben, mit Salz und Pfeffer abschmecken, mit der Sauce vermengen und zum Lachs servieren.

 # Pastasalat auf griechische Art

Für 4 Personen

250 g Kirschtomaten, halbiert

4 EL extra natives Olivenöl

2 EL Weißweinessig

1 EL Oreganoblätter zzgl. Blätter zum Garnieren

1 TL Zucker

250 g Penne

½ Salatgurke, gewürfelt

75 g kleine schwarze Oliven

75 g Feta, zerkrümelt

Salz und frisch gemahlener Pfeffer

- Den Backofen auf 160 °C vorheizen. In einer Schüssel die Tomaten und 2 EL Olivenöl mischen, dann auf ein Backblech geben. Mit 1 EL Weißweinessig beträufeln, mit Oregano und Zucker bestreuen und gut würzen. Im vorgeheizten Backofen 20 Minuten backen, danach etwas abkühlen lassen.

- In der Zwischenzeit die Penne in reichlich Salzwasser al dente garen. Abgießen, kalt abschrecken und abtropfen lassen. In einer Servierschüssel mit restlichem Öl und Essig vermengen.

- Vorsichtig Gurke, Oliven und gebackene Tomaten untermischen, dann den Feta darauf verteilen. Mit Oregano bestreut servieren.

 Pastasalat mit Feta, Oliven und Rucola

300 g frische Penne al dente garen, dann abgießen. In einer Servierschüssel mit 75 g Rucola, 75 g entsteinten schwarzen Oliven, 1 Spritzer Zitronensaft und 1 EL extra nativem Olivenöl mischen. Gut würzen. Mit 75 g zerbröseltem Feta bestreut sofort servieren.

 **Oliven-Tomaten-Penne mit gebackenem Feta** Den Backofen auf 200 °C vorheizen. In einem Topf 1 EL Olivenöl erhitzen und 1 gehackte Zwiebel und 2 fein gehackte Knoblauchzehen darin weich dünsten. 75 g entsteinte schwarze Oliven zugeben und 1–2 Minuten braten. 400 g Kirschtomaten zugeben und aufkochen. Dann 12 Minuten sanft köcheln, bis die Sauce eindickt. 300 g Penne al dente garen. 200 g Feta im Ganzen auf ein Stück Alufolie legen, mit Olivenöl beträufeln und mit 1 TL Oregano bestreuen. Die Folie schließen und den Käse auf einem Backblech im vorgeheizten Backofen 10 Minuten backen. Dann in große Stücke schneiden. Pasta abgießen und wieder in den Topf geben. Mit der Tomatensauce mischen, abschmecken und mit Käsestücken belegt sofort servieren.

 # Kräuter-Ziegenkäse-Pasta

Für 4 Personen

400 g frische Reginette

150 g weicher Ziegenkäse

1 Handvoll gehackte Basilikumblätter zzgl. Basilikumblätter zum Garnieren

1 Handvoll gehackte glatte Petersilienblätter zzgl. Petersilienblätter zum Garnieren

1 Handvoll gehackte Minzeblätter zzgl. Minzeblätter zum Garnieren

Salz und frisch gemahlener Pfeffer

- Reginette in reichlich Salzwasser al dente garen.

- In der Zwischenzeit in einer Schüssel den Ziegenkäse und die Kräuter miteinander zerdrücken und leicht würzen.

- Pasta abgießen, etwas Kochflüssigkeit auffangen. Pasta wieder in den Topf geben und mit der Kräuter-Ziegenkäse-Paste mischen. Ggf. etwas Kochflüssigkeit unterrühren.

- In tiefen Tellern anrichten und mit Kräutern bestreuen.

 Ziegenkäsepasta mit Knoblauchbröseln

Den Backofengrill auf mittlere Temperatur vorheizen. In einer Küchenmaschine 50 g Ciabatta zu Bröseln zerkleinern. Mit 2 EL Olivenöl und 1 zerdrückten Knoblauchzehe verrühren. Auf ein Backblech streichen und einige Minuten unter dem vorgeheizten Backofengrill rösten. Ab und zu wenden. 400 g Reginette garen und mit 150 g Ziegenkäse und 3 Handvoll gehackten Kräutern mischen und würzen. Mit den Bröseln bestreut servieren.

 **Tomaten-Basilikum-Reginette mit Ziegenkäse** In einem Topf 2 EL Olivenöl erhitzen, 3 klein geschnittene Knoblauchzehen darin anschwitzen. 2 Dosen gehackte Tomaten (je 400 g) zugeben und 25 Minuten köcheln, bis die Sauce sehr dick ist. Gut würzen, dann 1 Handvoll gehackte Basilikumblätter unterrühren. 400 g Reginette al dente kochen. Abgießen und mit der Sauce vermengen. Mit Salz und Pfeffer würzen. 150 g Ziegenkäse zerkleinern und zum Servieren darüberstreuen.

Lachs-Pasta-Salat mit Dilldressing

Für 4 Personen

400 g frische Fusilli

2 Frühlingszwiebeln, klein geschnitten

¼ Salatgurke, gewürfelt

150 g Räucherlachs, in Streifen geschnitten

Für das Dilldressing

75 g Crème fraîche

4 EL Mayonnaise

1 Handvoll Dill, fein gehackt

Salz und frisch gemahlener Pfeffer

- Fusilli in reichlich Salzwasser al dente garen. Abgießen, kalt abschrecken und abtropfen lassen.

- In der Zwischenzeit alle Zutaten für das Dressing in einer Schüssel mischen und würzen.

- Pasta in einer Servierschüssel mit Frühlingszwiebeln, Gurke, Lachs und Dressing gut mischen.

---

2 **Pasta mit pochiertem Lachs und Fenchel**

1 Fenchelknolle putzen, in Scheiben schneiden und mit 400 g Lachsfilet im Stück in einen Topf geben. 100 ml Weißwein und reichlich Fischbrühe zugießen (der Fisch muss bedeckt sein). 2–3 Dillzweige hinzufügen, aufkochen und 10–12 Minuten sanft köcheln, bis der Fisch gar ist und das Fleisch sich leicht auseinanderzupfen lässt. Mit einem Schaumlöffel Fisch und Fenchel herausnehmen. Fisch in große Stücke teilen, Haut und Gräten entfernen, mit Fenchel warm halten. Die Pochierflüssigkeit aufkochen und auf ca. 75 ml reduzieren, die Dillzweige herausnehmen, dann die Sauce mit 3 EL Crème fraîche verrühren. 400 g Fusilli al dente garen und abgießen. Mit Sauce, Fenchel und Lachs mischen, mit Salz und Pfeffer würzen und mit gehacktem Dill bestreut servieren.

---

3 **Lachsfrittata mit Dill**

300 g Spaghetti al dente garen. Abgießen, kalt abschrecken und abtropfen lassen. In einer großen Schüssel mit 6 Eiern, 150 g klein geschnittenem Räucherlachs und 1 guten Handvoll gehacktem Dill mischen, leicht würzen. In einer Pfanne 3 EL Olivenöl erhitzen und die Mischung hineingeben. Bei schwacher Hitze in 15 Minuten stocken lassen. In Stücke schneiden, jeweils einen Klecks Mascarpone daraufgeben und mit gehacktem Dill bestreut sofort servieren.

Frischer Kräuter-Kritharaki-Salat

Für 4 Personen

400 g Kritharaki
5 EL extra natives Olivenöl
Saft von ½ Zitrone
2 Frühlingszwiebeln, gehackt
¼ Salatgurke, fein gewürfelt
150 g Tomaten, gewürfelt
1 große Handvoll gehackte glatte
Petersilienblätter
1 kleine Handvoll gehackte Minzeblätter
Salz und frisch gemahlener Pfeffer

- Die Kritharaki in reichlich Salzwasser garen. Abgießen, kalt abschrecken und abtropfen lassen.

- In einer große Schüssel die Pasta mit Olivenöl und Zitronensaft vermengen. Gut würzen. Mit den restlichen Zutaten mischen und servieren.

1 **Kräuterpasta** 400 g Kritharaki garen. Abgießen und wieder in den Topf geben. 1 guten EL Butter unterrühren, dann 1 große Handvoll gehackte glatte Petersilienblätter, 1 kleine Handvoll gehackte Minzeblätter und 1 Spritzer Zitronensaft unterheben. Mit Salz und Pfeffer würzen. Sofort servieren.

3  **Mediterraner Kritharaki-Pitabrot-Salat** Den Backofen auf 190 °C vorheizen. 200 g Kritharaki garen. Abgießen, kalt abschrecken und abtropfen lassen. In einer große Schüssel Pasta mit 5 EL extra nativem Olivenöl, dem frisch gepressten Saft von ½ Zitrone, 2 gehackten Frühlingszwiebeln, ¼ fein gewürfelten Salatgurke, 150 g gewürfelten Tomaten, 1 großen Handvoll gehackten glatten Petersilienblättern und 1 kleinen Handvoll gehackten Minzeblättern mischen. 1 Handvoll entsteinte schwarze Oliven untermengen, abschmecken und das Ganze auf einem Bett aus zerkleinerten Kopfsalatblättern anrichten. 2 runde Pitabrote quer durchschneiden (sie sollten sehr dünn sein), dann in Spalten schneiden und auf ein Backblech legen. Mit Olivenöl beträufeln und im vorgeheizten Backofen in 5–10 Minuten knusprig rösten. Abkühlen lassen, dann zum Servieren über den Salat streuen.

 # Rigatoni-Auflauf mit Pilzen

Für 2 Personen

300 g frische Rigatoni

2 EL Olivenöl

1 Knoblauchzehe, klein geschnitten

½ rote Chili, entkernt und gehackt

150 g gemischte Pilze, vorzugsweise Wildpilze, geputzt und halbiert

abgeriebene Schale von 1 unbehandelten Zitrone

1 Handvoll gehackte glatte Petersilienblätter

Salz und frisch gemahlener Pfeffer

20 g geriebener Parmesan zum Bestreuen

- Rigatoni in reichlich Salzwasser al dente garen.

- Den Backofen auf 200 °C vorheizen.

- In der Zwischenzeit in einer Pfanne das Olivenöl erhitzen und Knoblauch, Chili und Pilze darin einige Minuten andünsten, bis die Pilze Farbe bekommen. Gut würzen.

- Die Pasta abgießen und wieder in den Topf geben. Die Pilzmischung untermengen und gut zwei Drittel von Zitronenschale und Petersilienblättern unterheben. Im vorgeheizten Backofen in 15 Minuten goldbraun backen.

- Zum Servieren den Auflauf mit der restlichen Zitronenschale und den restlichen Petersilieblättern garnieren und mit Parmesan bestreut servieren.

 **Rigatoni mit gebackenen Pilzen** Den Backofen auf 180 °C vorheizen. 4 Wiesenchampignons putzen und in eine Auflaufform legen. 1 guten EL Butter zugeben, gut würzen und die Blätter von 1 Thymianzweig darüberstreuen. Im vorgeheizten Backofen 15 Minuten backen. Aus dem Ofen nehmen und die Pilze hacken. In der Zwischenzeit 200 g Rigatoni al dente garen. Abgießen und wieder in den Topf geben. Mit den Pilzen und 1 Spritzer Zitronensaft mischen und sofort servieren.

Gorgonzola-Wildpilz-Rigatoni In einer Pfanne 40 g Butter und 1 EL Olivenöl erhitzen und ½ in dicke Scheiben geschnittene Zwiebel 10 Minuten sanft darin schmoren lassen. 75 g geputze gemischte Wildpilze zugeben (große halbieren) und das Ganze weitere 3–5 Minuten braten. In einer Schüssel 60 g Gorgonzola zerdrücken und dann unter die Zwiebel-Pilz-Mischung rühren. 50 g Sahne zugießen und erhitzen. 200 g Rigatoni al dente garen. Abgießen, wieder in den Topf geben, mit der Sauce mischen, würzen und mit glatten Petersilienblättern bestreut servieren.

Walnuss-Orecchiette

Für 4 Personen

400 g frische Orecchiette
Salz und frisch gemahlener Pfeffer
1 Handvoll gehackte Basilikumblätter
   zum Garnieren

Für die Walnuss-Sauce
150 g Walnüsse
50 g Sahne
1 Knoblauchzehe, zerdrückt
25 g geriebener Parmesan zzgl.
   Parmesan zum Bestreuen

- Pasta in reichlich Salzwasser al dente kochen.

- In der Zwischenzeit die Walnuss-Sauce zubereiten. In einer Pfanne die Walnüsse ohne Fett einige Minuten rösten. Die Pfanne ab und zu leicht rütteln. Einige Nüsse zum Garnieren beiseitelegen. Restliche Nüsse in einer Küchenmaschine zerkleinern. Sahne, Knoblauch und Parmesan zugeben und die Zutaten zu einer feinen Paste verarbeiten.

- Pasta abgießen, etwas von der Kochflüssigkeit aufbewahren. Orecchiette wieder in den Topf geben und mit der Walnuss-Sauce vermengen, ggf. mit etwas Kochflüssigkeit mischen. Gut würzen.

- In tiefen Tellern anrichten und mit restlichen Walnüssen, Basilikum und etwas Parmesan bestreut sofort servieren.

Walnuss-Rucola-Orecchiette mit Knusperbröseln 75 g Ciabatta in einer Küchenmaschine zu Bröseln zerkleinern. Die Hälfte der Brösel 5–10 Minuten in 50 g Sahne einweichen. Von 150 g gerösteten Walnüssen einige zum Garnieren beiseitelegen. Nüsse in einer Küchenmaschine zerkleinern. Mit 50 g Sahne, 1 zerdrückten Knoblauchzehe und 25 g geriebenem Parmesan zu einer Paste verarbeiten. Eingeweichte Brösel unterrühren. Übrige Brösel mit 1–2 EL Olivenöl gemischt in einer Pfanne knusprig braten. 400 g Orecchiette al dente garen. Walnusspaste mit etwas Garflüssigkeit unterrühren. Würzen und 1 Handvoll Rucolablätter unterrühren. Mit gebratenen Bröseln bestreuen.

Orecchiette mit Knusperhuhn und Walnüssen Den Backofengrill auf mittlere Temperatur vorheizen. 300 g Orecchiette in reichlich Salzwasser al dente kochen. Von 150 g gerösteten Walnüssen für die Walnuss-Sauce einige zum Garnieren beiseitelegen. Restliche Nüsse in einer Küchenmaschine zerkleinern. 50 g Sahne, 1 zerdrückte Knoblauchzehe und 25 g geriebenen Parmesan zugeben und die Zutaten zu einer feinen Paste verarbeiten. Mit 5 EL Hühnerbrühe verdünnen. Die Sauce in einem großen Topf erhitzen. 2 gebratene Hähnchenbrüste in dünne Streifen schneiden, die Haut entfernen. Das Fleisch in die Sauce geben. Pasta abgießen und mit 2 in Scheiben geschnittenen Frühlingszwiebeln, 1 Prise Paprikapulver und ½ EL gehacktem Dill in die Sauce geben, mit Salz und Pfeffer würzen und mischen. Das Ganze in eine Auflaufform füllen. Mit 50 g frischen Semmelbröseln bestreuen, mit 1 EL Olivenöl beträufeln und unter dem vorgeheizten Backofengrill 5–10 Minuten backen. Mit Walnüssen garnieren

 # Frühlings-Tortelloni mit Ricotta

Für 2 Personen

250 g Spinat-Ricotta-Tortelloni, vorgegart

75 g Dicke Bohnen aus dem Glas

75 g Erbsen aus der Dose

abgeriebene Schale von 1 unbehandelten Zitrone

1 EL extra natives Olivenöl

Salz und frisch gemahlener Pfeffer

50 g Ricotta zum Garnieren

1 Handvoll gehackte Minzeblätter zum Garnieren

- Die Tortelloni in reichlich Salzwasser garen. Dicke Bohnen 3–4 Minuten vor Ende der Garzeit, Erbsen 2–3 Minuten vor Ende der Garzeit hinzufügen. Pasta und Gemüse abgießen und wieder in den Topf geben.

- Zitronenschale und Olivenöl untermengen, würzen, in tiefe Teller füllen und mit Ricottastückchen und Minzeblättern bestreut sofort servieren.

 Tortelloni mit Pancetta und Ricotta In einer Pfanne 1 EL Olivenöl erhitzen und 2 klein geschnittene Frühlingszwiebeln darin weich dünsten. 100 g Pancettawürfel zugeben und in 7–10 Minuten leicht bräunen, dann mit 1 guten Spritzer Weißwein ablöschen und reduzieren. 250 g Spinat-Ricotta-Tortelloni garen und abgießen. Mit Zwiebeln und Pancetta mischen. Abgeriebene Schale von ½ unbehandelte Zitrone und 1 EL Olivenöl untermengen, würzen, in tiefe Teller füllen und mit Ricottastückchen und Minzeblättern bestreut servieren.

 **Gebackene Tomaten-Ricotta-Tortelloni** Den Backofen auf 190 °C vorheizen. 250 g Tortelloni 1 Minute kürzer garen, als empfohlen wird. Gut abgießen und die Hälfte auf dem Boden einer Auflaufform verteilen. 75 g Tomatensauce aus dem Glas daraufgeben, dann mit 50 g zerkrümeltem Ricotta bestreuen. Restliche Tortelloni in die Form geben und weitere Tomatensauce darauf verteilen. Mit 75 g Ricotta, 50 g Mozzarellascheiben und 1 Handvoll geriebenem Parmesan belegen bzw. bestreuen. Im vorgeheizten Backofen in 15–20 Minuten goldgelb backen.

Tortiglioni mit Mascarponemayonnaise

Für 4 Personen

4 Scheiben durchwachsener Speck
150 g Strauch-Kirschtomaten
400 g Tortiglioni
50 g Rucola
Salz und frisch gemahlener Pfeffer
1 EL Olivenöl zum Einfetten der Form

Für die Mascarponemayonnaise
1 Eigelb
125 g Mascarpone
50 ml extra natives Olivenöl
1 EL geriebener Parmesan
Salz und frisch gemahlener Pfeffer

- Den Backofengrill auf mittlere Temperatur vorheizen. Den Boden einer Grillpfanne mit dem Olivenöl fetten, dann den Speck hineinlegen und unter dem Backofengrill in 5–7 Minuten knusprig backen. Die Tomaten zugeben. Die Pfanne ein wenig rütteln, das Ganze würzen und wieder unter den Grill stellen. Weitere 5 Minuten backen, dann sollte der Speck sehr kross sein und die Tomaten hier und da schwarze Stellen haben. In der Zwischenzeit die Tortiglioni in reichlich Salzwasser al dente garen.

- Für die Mayonnaise Eigelb und Mascarpone in einer Küchenmaschine verrühren. Bei laufendem Motor das Olivenöl in einem dünnen Strahl zugeben und so lange rühren, bis die Mischung die Konsistenz von Mayonnaise hat. Parmesan, Salz und Pfeffer zugeben.

- Pasta abgießen, etwas Kochwasser auffangen. Pasta wieder in den Topf geben und mit ein wenig Mascarponemayonnaise vermengen. Rucola unterziehen. Ggf. mit etwas Kochwasser verdünnen. Tortiglioni in Schalen füllen, Tupfer der restlichen Mayonnaise daraufgeben und mit Speck und Tomaten belegen.

Parmaschinken-Spaghettini mit Tomate und Rucola 400 g Spaghettini in reichlich Salzwasser al dente garen, abgießen und wieder in den Topf geben. 3 EL Mascarpone mit 1 EL geriebenem Parmesan mischen und unter die Spaghettini rühren. Dann 4 gehackte sonnengereifte Tomaten, 2 EL Olivenöl und 4 Scheiben Parmaschinken in Streifen unterheben. Mit Salz und Pfeffer würzen. Mit reichlich Rucola bestreuen und dann sofort servieren.

Pastasoufflés mit Speck, Tomate und Rucola Den Backofengrill auf 200 °C vorheizen. Den Boden einer Grillpfanne mit 1 EL Olivenöl fetten, 4 Scheiben durchwachsenen Speck unter dem Backofengrill in 5–7 Minuten knusprig backen. 250 g Spaghetti al dente kochen. In einem großen Topf 25 g Butter zerlassen und 2 EL Mehl zugeben. Rühren, bis das Mehl hellgelb ist, dann nach und nach 300 ml Milch unterrühren und 5 Minuten köcheln, bis eine dickflüssige Sauce entsteht. Topf vom Herd nehmen und 25 g geriebenen Parmesan und 3 Eigelbe unterrühren. 3 Eiweiß steif schlagen. Pasta abgießen, in 2,5 cm lange Stücke schneiden und den Speck hacken. Beides mit 2 gehackten sonnengereiften Tomaten und 1 Handvoll fein gehacktem Rucola und der Sauce mischen, abschmecken. Eiweiß portionsweise unterziehen. Die Mischung auf 4 kleine gefettete Formen verteilen und im vorgeheizten Backofen 20 Minuten backen.

Pasta puttanesca

Für 4 Personen

3 EL Olivenöl

2 Knoblauchzehen, klein geschnitten

½ TL getrocknete Chiliflocken

8 Anchovisfilets in Öl aus der Dose, abgetropft

2 Dosen gehackte Tomaten (je 400 g)

125 g schwarze Oliven

1 EL Kapern, abgespült und abgetropft

300 g Pappardelle

Salz und frisch gemahlener Pfeffer

½ Handvoll gehackte Basilikumblätter zum Bestreuen

- In einem großen Topf das Olivenöl erhitzen. Knoblauch, Chiliflocken und Anchovis zugeben und einige Minuten unter Rühren braten, bis die Anchovis zu zerfallen beginnen.

- Die Tomaten zugeben und alles 15 Minuten köcheln lassen, bis die Sauce eine sämige Konsistenz hat. Oliven und Kapern untermengen und gut würzen.

- In der Zwischenzeit die Pappardelle in reichlich Salzwasser al dente garen. Abgießen und mit der Sauce mischen.

- In tiefen Tellern anrichten und mit Basilikumblättern bestreuen.

Pappardelle mit Kapern-Oliven-Sauce

300 g Pappardelle al dente kochen und abgießen. 1 zerdrückte Knoblauchzehe und 3 EL extra natives Olivenöl verrühren. 1 große Tomate würfeln und mit 2 TL abgespülten, gehackten Kapern und 1 Handvoll entsteinten schwarzen Oliven zum Öl geben und würzen. Pasta mit der Sauce mischen und sofort servieren.

Papardelle mit Hähnchen und Kapern-Oliven-Dressing Den Backofengrill auf mittlerer Stufe vorheizen. 4 Hähnchenbrüste ohne Knochen 7 Minuten von jeder Seite unter dem Backofengrill garen. 300 g Pappardelle al dente kochen und abgießen, dann mit 350 g Tomatensauce aus dem Glas mischen. In einer kleinen Pfanne 3 EL Olivenöl erhitzen, 1 Handvoll entsteinte schwarze Oliven zugeben und darin 1–2 Minuten braten. 1 EL abgespülte und abgetropfte Kapern hinzufügen und 30 Sekunden erhitzen. 2 EL gehackte glatte Petersilienblätter und 1 Spritzer Zitronensaft unterrühren. Mit Salz und Pfeffer würzen. Pasta in tiefen Tellern anrichten und das Fleisch in Scheiben darauf verteilen. Das warme Dressing darübergeben und servieren.

Hähnchen-Artischocken-Frittata

Für 4 Personen

300 g Spaghetti
6 Eier
100 g Crème fraîche
2 gebratene Hähnchenbrüste
1 EL geriebener Parmesan
175 g Artischockenherzen, abgespült und abgetropft, in Spalten
  geschnitten
2 Frühlingszwiebeln, klein geschnitten
1 Handvoll gehackte Basilikumblätter
½ Handvoll gehackte Minzeblätter
2 EL Olivenöl
Salz und frisch gemahlener Pfeffer

- Die Spaghetti in reichlich Salzwasser al dente garen.

- In der Zwischenzeit in einer großen Schüssel Eier und Crème fraîche verrühren und mit Salz und Pfeffer würzen. Hähnchen in schmale Streifen schneiden, die Haut entfernen. Hähnchen mit Parmesan, Artischocken, Frühlingszwiebeln, Basilikum und Minze unter die Eiermischung rühren.

- Die Pasta abgießen, kalt abschrecken und abtropfen lassen. Mit den Eiern mischen und würzen.

- In einer großen Pfanne bei mittlerer Temperatur das Olivenöl erhitzen. Die Mischung in die Pfanne geben und glatt streichen. In 20 Minuten stocken lassen und in Stücke geschnitten servieren.

1 **Hähnchen-Artischo-cken-Spaghetti** 300 g Spaghetti al dente garen. 2 gebratene Hähnchenbrüste in schmale Streifen schneiden und 175 g Artischockenherzen vierteln. Pasta abgießen, etwas Kochflüssigkeit auffangen. Spaghetti wieder in den Topf geben. Hähnchen, Artischocken, 2 EL Mascarpone und 1 Handvoll geriebenen Parmesan und ggf. etwas von der Kochflüssigkeit untermengen, würzen und sofort servieren.

2 **Pastasalat mit Grill-hähnchen und Arti-schocken** Den Backofengrill auf mittlerer Stufe vorheizen. 2 Hähnchenbrüste ohne Knochen würzen und von jeder Seite unter dem vorgeheizten Backofengrill 7 Minuten backen. 300 g Fusilli al dente garen. Abgießen, kalt abschrecken und abtropfen lassen. In einer Servierschüssel mit dem Saft von ½ Zitrone und 3 EL extra nativem Olivenöl mischen. Hähnchen in schmale Streifen

schneiden, die Haut entfernen. Hähnchen, 175 g in Spalten geschnittene Artischockenherzen und 1 Handvoll gehackte Minzeblätter unter die Pasta heben, abschmecken und sofort servieren.

Gigli-Paprika-Salat mit Rucola

Für 4 Personen

4 EL extra natives Olivenöl

1 Knoblauchzehe, fein gehackt

1 rote Chili, entkernt und fein gehackt

4 rote Paprika, entkernt und in Spalten geschnitten

400 g Gigli

1 EL weißer Balsamico

75 g Rucola

Salz und frisch gemahlener Pfeffer

1 Handvoll Parmesanhobel zum Bestreuen

- In einer Pfanne 2 EL Olivenöl erhitzen und Knoblauch und Chili darin 30 Sekunden braten. Paprika zugeben und bei schwacher Hitze in 20–25 Minuten sehr weich garen. Etwas abkühlen lassen.

- In der Zwischenzeit die Pasta in reichlich Salzwasser al dente garen. Abgießen, kalt abschrecken und abtropfen lassen. In eine Servierschüssel geben.

- Restliches Öivenöl, Balsamico, Rucola und die rote Paprika mit den Bratensäften dazugeben, würzen und gut mischen. Mit Parmesan bestreut servieren.

Gigli mit Paprika-Ricotta-Sauce 400 g Gigli al dente garen. 2 abgetropfte geröstete rote Paprika aus dem Glas, 1 zerdrückte Knoblauchzehe und 125 g Ricotta in einer Küchenmaschine zu einer cremigen Sauce verarbeiten. Pasta abgießen, etwas Kochflüssigkeit auffangen. Pasta in den Topf geben und mit der Paprikasauce mischen, ggf. etwas Kochflüssigkeit unterrühren. 1 Handvoll gehackte Basilikumblätter unterziehen, mit Salz und Pfeffer würzen und sofort servieren.

Scharfe Paprikapasta 4 entkernte rote Paprika in schmale Streifen schneiden. In einer Pfanne 1 EL Olivenöl erhitzen und die Paprika darin in 15 Minuten weich dünsten. 400 g Gigli al dente garen und abgießen. 3 entkernte Tomaten, 1 gehackte Frühlingszwiebel und 1 halbierte und entkernte rote Chili in einer Küchenmaschine zu einer stückigen Sauce verarbeiten. Pasta mit der Tomatensauce mischen, 3 EL Olivenöl und die Paprika aus der Pfanne untermischen, würzen und sofort servieren.

Fusilli amatriciana mit Pancetta

Für 4 Personen

2 EL Olivenöl

1 rote Chili, entkernt, fein gehackt

250 g Pancettascheiben, in Streifen geschnitten

1 Zwiebel, fein gehackt

Nadeln von 1 Rosmarinzweig, gehackt

100 ml fruchtiger Rotwein

1 Dose Tomaten (400 g)

400 g Fusilli

Salz und frisch gemahlener Pfeffer

40 g geriebener Parmesan zum Bestreuen

- In einer Pfanne das Olivenöl erhitzen und darin Chili und Pancetta braten, bis der Pancetta gerade beginnt, knusprig zu werden. Zwiebeln und Rosmarin hinzufügen und weitere 3–5 Minuten braten.

- Mit Rotwein ablöschen und um die Hälfte reduzieren. Die Tomaten und 200 ml Wasser zugeben und mindestens 20 Minuten köcheln lassen. Dann sollte das Ganze eine sämige Konsistenz haben. Gut würzen.

- In der Zwischenzeit Pasta in reichlich Salzwasser al dente garen. Abgießen und wieder in den Topf geben, mit der Sauce mischen.

- In tiefen Tellern anrichten und mit Parmesan bestreut servieren.

1 **Fusilli mit Parmaschinken und Kirschtomaten** 400 g Fusilli al dente garen. Mit 150 g halbierten Kirschtomaten, 1 Spritzer Zitronensaft, 2 EL Crème fraîche und 100 g in Streifen geschnittenem Parmaschinken mischen. Mit Salz und Pfeffer würzen. Sofort servieren.

2 **Fusilli mit Speck und sonnengereiften Tomaten** In einer Pfanne 40 g Butter zerlassen, 1 geputzte und in dünne Scheiben geschnittene Porreestange zugeben und in 5 Minuten weich dünsten. 4 Scheiben Bacon in dünne Streifen schneiden und mit 2 klein geschnittenen Zwiebeln in die Pfanne geben und 5 Minuten dünsten. 1 Glas Weißwein zugießen und alles in 3 Minuten reduzieren. 3 abgetropfte und gehackte sonnengereifte Tomaten in Öl und 4 EL Crème fraîche unterrühren. Abschmecken. 400 g Fusilli al dente garen, abgießen und gut mit der Sauce mischen. Sofort servieren.

Spaghettini mit Tomaten-Basilikum-Butter

Für 4 Personen

75 g weiche Butter

5 sonnengereifte Tomaten in Öl, abgetropft und fein gehackt

1 Handvoll fein gehackte Basilikumblätter

abgeriebene Schale von 1 unbehandelten Zitrone

400 g Spaghettini

Salz und frisch gemahlener Pfeffer

- Butter, Tomaten, Basilikumblätter und Zitronenschale in eine Schüssel geben, würzen und mischen. Die Mischung auf ein Stück Frischhaltefolie geben und vorsichtig zu einer Rolle zusammendrehen. 5 Minuten im Gefrierfach fest werden lassen. Die Butter können Sie auch im Voraus zubereiten und dann einfrieren.

- In der Zwischenzeit die Pasta in reichlich Salzwasser al dente garen. Gut abgießen und auf vier flachen Tellern anrichten.

- Die Butter in Scheiben schneiden, auf die Pasta legen und sofort servieren.

 Tomaten-Basilikum-Spahettini mit Butter-Weißwein-Sauce In einem Topf 40 g Butter zerlassen und 1 fein gehackte Schalotte darin in 5 Minuten weich dünsten. 150 ml trockenen Weißwein zugießen und 10 Minuten kochen lassen. 25 g kalte Butter in kleine Stücke schneiden und nach und nach unter die Sauce rühren, würzen. 400 g Spaghettini al dente garen, 1 Handvoll abgetropfte gehackte sonnengereifte Tomaten in Öl und 1 Handvoll gehackte Basilikumblätter unterziehen. Die Pasta mit Butter-Weißwein-Sauce beträufelt servieren.

 **Tomaten-Balsamico-Spaghettini** Den Backofen auf 160 °C vorheizen. 20 Roma-Tomaten halbieren und auf ein Backblech legen. Mit 3 EL Olivenöl und 1 EL Essig beträufeln und mit 1 TL Zucker bestreuen. Im vorgeheizten Backofen in 25–30 Minuten leicht bräunen. 400 g Spaghettini al dente garen. Mit Tomaten, 3 EL Balsamico, 40 g Butter und 1 Handvoll Basilikumblättern mischen, abschmecken und mit 125 g zerkrümeltem Ziegenkäse bestreut servieren.

Cannellinibohnen-Thunfisch-Ferretti mit Gremolata

Für 4 Personen

75 g Sahne

1 Dose Cannellinibohnen (400 g), abgespült und abgetropft

1 Dose Thunfisch in Öl (225 g), abgetropft

400 g Ferretti

Salz und frisch gemahlener Pfeffer

Für die Gremolata

1 Knoblauchzehe

abgeriebene Schale von 1 unbehandelten Zitrone

1 Handvoll glatte Petersilienblätter

- In einem Topf Sahne und Bohnen 15 Minuten köcheln, bis die Bohnen sehr weich sind. Ggf. etwas Wasser zugeben. Den Thunfisch mit einer Gabel zerzupfen und in die Sauce rühren.

- Pasta in reichlich Salzwasser al dente garen.

- Für die Gremolata Knoblauch, Zitronenschale und Petersilie auf ein Schneidbrett legen und zusammen fein, aber nicht musig, hacken.

- Pasta abgießen, etwas Kochflüssigkeit auffangen. Pasta und Thunfischsauce mischen, ggf. mit etwas Kochwasser verdünnen.

- In tiefen Tellern anrichten und mit der Gremolata bestreut servieren.

Cannellinibohnen-Thunfisch-Penne

400 g frische Penne al dente garen. 2 Minuten vor Garende 400 g Cannellinibohnen mit in den Topf geben. Abgießen und wieder in den Topf geben. 2 EL Crème fraîche, die abgeriebene Schale von 1 unbehandelten Zitrone, 225 abgetropften, zerzupften Thunfisch und 1 Handvoll gehackte Petersilienblätter untermengen. Abschmecken und sofort servieren.

Gegrillter Thunfisch mit Cannellinibohnen-pasta

In einem Topf 1 EL Olivenöl erhitzen, 1 gehackte Zwiebel und 1 zerdrückte Knoblauchzehe darin weich dünsten. 400 g Cannellinibohnen, 75 g Sahne und je 1 Streifen unbehandelte Zitronen- und Orangenschale zugeben und das Ganze 15 Minuten köcheln lassen. Schalen entfernen und die Mischung würzen. 300 g Ferretti al dente garen und abgießen, dann die Bohnen hinzufügen. 4 Thunfischsteaks mit 1 EL Olivenöl bestreichen und mit schwarzem Pfeffer bestreuen. Eine Grillpfanne auf höchster Stufe erhitzen und die Steaks von jeder Seite 3–5 Minuten braten. Die Cannellinibohnenpasta in tiefen Tellern anrichten, die Steaks daraufliegen und mit 1 Handvoll gehackten glatten Petersilienblättern bestreut servieren.

QuickPasta
Für jeden Tag

Rezepte nach Zubereitungszeit

 # Spargel-Erbsen-Cavatappi mit Zitrone

Für 4 Personen

500 g frische Cavatappi
100 g Erbsen aus der Dose
150 g dünne grüne Spargelstangen
Saft und abgeriebene Schale von
  1 unbehandelten Zitrone
125 g Mascarpone zzgl. Mascarpone
  zum Garnieren
2 EL extra natives Olivenöl
Salz und frisch gemahlener Pfeffer
1 Handvoll gehackte Basilikumblätter
  zum Garnieren

- In einem großen Topf die Pasta in reichlich Salzwasser al dente garen. Erbsen und geputzten und im unteren Drittel geschälten Spargel 3 Minuten vor Ende der Kochzeit zugeben.

- In der Zwischenzeit in einer Schüssel fast die gesamte Zitronenschale mit dem Mascarpone verrühren.

- Pasta und Gemüse abgießen, etwas Kochflüssigkeit aufbewahren. Den Spargel warm halten. Pasta und Erbsen wieder in den Topf geben. Zitronensaft und Olivenöl unterrühren und ggf. mit etwas Kochflüssigkeit verdünnen.

- Gut würzen und in tiefen Tellern anrichten. Mit der restlichen Zitronenschale und mit Basilikumblättern bestreuen, den Spargel und jeweils einen Tupfer Mascarpone daraufgeben.

 Spargel-Erbsen-Spirali mit Zitronensauce
400 g Spirali al dente garen, 100 g Erbsen aus der Dose und 100 g geputzte und im unteren Drittel geschälte dünne grüne Spargelstangen 3 Minuten vor Ende der Kochzeit zugeben. In einem Topf 1 guten EL Butter zerlassen, 3 EL Mehl einrühren und eine Mehlschwitze zubereiten. Nach und nach 100 ml Milch und 100 g Sahne unterrühren. 5 Minuten köcheln, dann die abgeriebene Schale von 1 unbehandelten Zitrone und 1 Handvoll gehackte Basilikumblätter untermengen, mit Salz und Pfeffer würzen. Pasta und Gemüse abgießen. Beides wieder in den Topf geben, und dann gut mit der Sauce mischen. Auf Schüsseln verteilen und sofort servieren.

Spirali-Spargel-Päckchen Den Backofen auf 180 °C vorheizen. 400 g Spirali 2 Minuten weniger garen als empfohlen, 100 g Erbsen aus der Dose und 100 g geputzte und im unteren Drittel geschälte dünne Spargelstangen 3 Minuten vor Ende der Kochzeit zugeben. Die abgegossene Pasta und das Gemüse auf 4 große Stücke Alufolie verteilen. Mit dem Saft von 1 Zitrone beträufeln und 50 ml heiße Hühnerbrühe über die 4 Portionen träufeln und würzen. Jede belegte Folie zu einem Päckchen zusammenfalten und auf ein Backblech setzen. Im vorgeheizten Backofen 10 Minuten backen. Päckchen öffnen, jeweils 1 EL Mascarpone daraufgeben und mit 1 Scheibe Taleggio belegt servieren.

Chili-Kapern-Tagliatelle mit Ciabatta-croûtons

Für 4 Personen

3 Scheiben Ciabatta

75 ml Olivenöl

4 Knoblauchzehen

1 rote Chili, entkernt und in feine
Ringe geschnitten

2 EL Kapern, abgespült und abgetropft

400 g Tagliatelle

Saft und abgeriebene Schale von
1 unbehandelten Zitrone

Salz und frisch gemahlener Pfeffer

- Ciabatta zu groben Bröseln zerkleinern. In einer kleinen Pfanne das Olivenöl erhitzen und den Knoblauch darin in 10 Minuten bei schwacher Hitze goldgelb braten, dann die Zehen herausnehmen und wegwerfen. Ciabattabrösel in die Pfanne geben und in 3–5 Minuten darin Farbe ziehen lassen. Herausnehmen und beiseitelegen. Chili und Kapern in die Pfanne geben und in 2 Minuten leicht bräunen.

- In der Zwischenzeit die Tagliatelle in reichlich Salzwasser al dente garen. Abgießen, etwas Garflüssigkeit aufbewahren. Pasta wieder in den Topf geben. Mit dem Knoblauchöl aus der Pfanne, Zitronenschale und -saft und ggf. etwas Garflüssigkeit mischen. Gut würzen.

- Auf flachen Tellern anrichten und mit den Ciabattacroûtons bestreut servieren.

1 **Chili-Kapern-Tomaten-Tagliatelle** 400 g Tagliatelle al dente garen und mit 1 entkernten und in dünne Scheiben geschnittenen roten Chili und 2 EL Kapern vermengen. 3 getrocknete sonnengereifte Tomaten in Öl hacken und mit 100 g halbierten Kirschtomaten unter die Pasta mengen und alles abschmecken. Mit dem Saft von ½ Zitrone beträufelt und mit reichlich Rucola belegt servieren.

3 **Chili-Kapern-Tagliatelle-Päckchen mit Knusperbröseln** Den Backofen auf 180 °C vorheizen. 400 g Tagliatelle 2 Minuten weniger garen als empfohlen. Abgießen und auf 4 große Stücke Alufolie verteilen. 1 Spritzer Zitronensaft, 1 zerdrückte Koblauchzehe, 1 EL Olivenöl, 1 entkernte und in dünne Scheiben geschnittene rote Chili und 2 EL Kapern mischen, mit Salz und Pfeffer würzen und jeweils etwas auf die Pasta geben. Zu Päckchen zusammenfalten und auf ein Backblech legen. Im vorgeheizten Backofen 10 Minuten backen. 3 Scheiben Ciabatta grob zerbröseln, in einer Pfanne in 75 ml Olivenöl mit 4 Knoblauchzehen 10 Minuten knusprig braten. Päckchen öffnen und 1 Handvoll gehackte Basilikumblätter darüberstreuen. Mit jeweils 1 Tupfer Crème fraîche garnieren und mit Knusperbröseln bestreuen. Sofort servieren.

Spaghetti mit Brunnenkressepesto und Gorgonzola

Für 2 Personen

200 g Vollkorn-Spaghetti

50 g Gorgonzola, in dünne Scheiben geschnitten

Salz und frisch gemahlener Pfeffer

Für das Brunnenkressepesto

50 g Walnüsse

75 g Brunnenkresse zzgl. Kresse zum Garnieren

1 EL Crème fraîche

Salz und frisch gemahlener Pfeffer

- Spaghetti in reichlich Salzwasser al dente garen.

- In der Zwischenzeit das Pesto zubereiten. Die Walnüsse in eine kleine Pfanne geben und bei mittlerer Hitze ohne Fett 3 Minuten rösten, bis sie beginnen, braun zu werden. Pfanne mehrmals rütteln. 2 Minuten abkühlen lassen, dann in einem Mixer mit Brunnenkresse und Crème fraîche zu einem Pesto verarbeiten. Gut würzen.

- Pasta abgießen, in tiefen Tellern anrichten und Gorgonzolascheiben darauflegen. Jeweils einen Tupfer Pesto daraufgeben und mit Brunnenkresse garnieren.

Gorgonzola-Spaghetti mit Porree und Brunnenkresse Den Backofen auf 200 °C vorheizen. In einer Schüssel 1 Handvoll kleine Schalotten und 150 g geputzten und klein geschnittenen Porree mit 2 EL Olivenöl mischen, auf ein Backblech geben und im vorgeheizten Backofen in 20 Minuten garen und leicht bräunen. 200 g Vollkorn-Spaghetti al dente garen und mit Schalotten und Porree mischen. 150 g gewürfelten Gorgonzola und 2 EL Crème fraîche unterziehen und gut würzen. Mit 1 Handvoll Brunnenkresse garniert sofort servieren.

Gnocchi mit Gorgonzola und Brunnenkressepesto Den Backofengrill auf mittlere Temperatur vorheizen. Aus 50 g Walnüssen, 75 g Brunnenkresse und 1 EL Crème fraîche ein Pesto zubereiten. 250 g frische Gnocchi garen. Abgießen und wieder in den Topf geben. Mit dem Pesto mischen und 2 EL Crème fraîche, 3 EL Milch und 50 g gewürfelten Gorgonzola untermengen, abschmecken. 1 Scheibe Weißbrot und 1 Handvoll Walnüsse zu Bröseln zerkleinern. Gnocchi in eine Auflaufform geben, mit den Bröseln bestreuen und unter dem vorgeheizten Grill 10 Minuten backen.

20 Fusilli lunghi mit Aubergine und Mozzarella

Für 4 Personen

4 EL Olivenöl

1 Aubergine, in dünne Scheiben geschnitten

300 g Tomatensauce aus dem Glas

½ TL getrocknete Chiliflocken

400 g Fusilli lunghi

25 g geriebener Parmesan

Salz und frisch gemahlener Pfeffer

125 g gewürfelten Mozzarella zum Garnieren

1 Handvoll Basilikumblätter zum Garnieren

- In einer Pfanne die Hälfte des Olivenöls erhitzen, die Hälfte der Aubergine zugeben und in 5–7 Minuten weich und goldgelb dünsten. Gut würzen, herausnehmen und auf einen Teller legen. Mit dem restlichen Öl und der restlichen Aubergine ebenso verfahren.

- Tomatensauce und Chiliflocken in einen Topf geben, die gedünsteten Auberginen zugeben und das Ganze einige Minuten köcheln lassen.

- In der Zwischenzeit die Fusilli in reichlich Salzwasser al dente garen. Abgießen, etwas Garflüssigkeit auffangen und die Pasta wieder in den Topf geben. Mit Auberginensauce mischen, ggf. etwas Garflüssigkeit zugießen.

- Den Parmesan unterrühren und abschmecken. In tiefen Tellern anrichten und mit Mozzarellawürfeln und Basilikumblättern bestreut servieren.

Gebackene-Auberginen-Mozzarella-Fusilli

Den Backofengrill auf mittlerer Stufe vorheizen. 200 g Auberginen in dünne Scheiben schneiden, mit 2 EL Olivenöl mischen und gut würzen. Unter dem vorgeheizten Backofengrill 3–5 Minuten von jeder Seite backen. 400 g Fusilli al dente garen, abgießen, etwas Kochflüssigkeit auffangen. Die Pasta wieder in den Topf geben. 5 EL grünes Pesto aus dem Glas unterziehen und gut würzen, dann 125 g gewürfelten Mozzarella und ggf. etwas Kochflüssigkeit untermischen. Mit 2 EL gerösteten Pinienkernen bestreut servieren.

Fusilli lunghi mit Auberginensauce und

Mozzarella Den Backofengrill auf 220 °C vorheizen. 2 Auberginen mehrmals mit einer Gabel einstechen, auf ein Backblech legen und im vorgeheizten Backofen in 20 Minuten backen und rösten. 5 Minuten abkühlen lassen, dann die Schale abziehen. 1 zerdrückte Knoblauchzehe mit 3 EL Crème fraîche verrühren. Mit dem Auberginenfleisch in eine Küchenmaschine geben, 1 Spritzer Zitronensaft und 1 Handvoll Korianderblätter zugeben und das Ganze zu einer Sauce verarbeiten. Mit Salz und Pfeffer würzen. Fusilli lunghi in reichlich Salzwasser al dente garen. Abgießen und mit der Auberginensauce vermengen. Mit 125 g gewürfeltem Mozzarella bestreut servieren.

Ligurische Kartoffel-Bohnen-Trofie mit Pesto

Für 4 Personen

300 g Trofie

6 neue Kartoffeln, abgebürstet und
  halbiert

125 g dünne grüne Bohnen, geputzt

Salz und frisch gemahlener Pfeffer

Für das Pesto

75 g Basilikumblätter

25 g geröstete Pinienkerne zzgl.
  Pinienkerne zum Garnieren

1 Knoblauchzehe, zerdrückt

100 ml extra natives Olivenöl

3 EL geriebener Parmesan zzgl.
  Parmesan zum Bestreuen

Salz und frisch gemahlener Pfeffer

- Die Trofie in reichlich Salzwasser al dente garen.

- Die Kartoffeln in Salzwasser 7 Minuten kochen, die grünen Bohnen zugeben und weitere 5 Minuten kochen.

- Für das Pesto alle Zutaten in einem Mörser zu einer stückigen Paste verarbeiten, dann würzen. Alternativ das Ganze in einer Küchenmaschine zerkleinern.

- Pasta, Kartoffeln und Bohnen abgießen und alles in einen Topf geben. Mit dem Pesto mischen und würzen.

- In tiefen Tellern anrichten und mit Parmesan und Pinienkernen bestreut servieren.

Dicke-Bohnen-Erbsen-Trofie mit rotem Pesto

400 g frische Trofie al dente garen. 75 g Dicke Bohnen und 75 g Erbsen aus der Dose sowie 125 g dünne grüne Bohnen aus dem Glas in Salzwasser 3–4 Minuten kochen. Pasta und Gemüse abgießen und in einem Topf mischen. 4 EL rotes Pesto aus dem Glas unterziehen. Mit Salz und Pfeffer würzen und servieren.

Brathähnchen mit Kartoffel-Bohnen-Pesto-Pasta

Den Backofen auf 200 °C vorheizen. 6 neue abgebürstete und halbierte Kartoffeln in eine Bratform legen und mit 1 EL Olivenöl beträufeln. Im vorgeheizten Backofen 5 Minuten backen. 4 Hähnchenbrüste ohne Knochen zugeben und das Ganze weitere 20 Minuten backen. In der Zwischenzeit 300 g Trofie al dente garen. 125 g geputzte dünne grüne Bohnen 5 Minuten vor Garende mit in den Topf geben und gar kochen. Aus 75 g Basilikumblättern, 25 g gerösteten Pinienkernen, 1 zerdrückten Knoblauchzehe, 100 ml extra nativem Olivenöl, 3 EL geriebenem Parmesan, Salz und Pfeffer ein Pesto zubereiten und mit 50 g weichem Ziegenkäse vermengen. Pasta und Bohnen abgießen und wieder in den Topf geben. Mit Pesto und gebackenen Kartoffeln mischen und mit der aufgeschnittenen Hähnchenbrust servieren.

Hähnchen-Penne-al-forno mit Speck und Spargel

Für 4 Personen

2 Hähnchenbrüste ohne Haut und Knochen

2 TL Olivenöl

4 Scheiben Frühstücksspeck

400 g Penne

150 g grüner Spargel, geputzt und klein geschnitten

150 g Crème fraîche

100 ml Milch

Salz und frisch gemahlener Pfeffer

40 g geriebener Parmesan zum Bestreuen

- Den Backofengrill auf mittlerer Stufe vorheizen. Die Hähnchenbrüste mit Öl bestreichen und unter dem vorgeheizten Backofengrill 7 Minuten auf jeder Seite backen. Speck beim Wenden der Brüste mit in die Grillpfanne legen und knusprig backen. Etwas abkühlen lassen, dann alles in kleine Stücke schneiden.

- Die Penne in reichlich Salzwasser al dente garen. Spargelstücke 3 Minuten vor Ende der Garzeit zugeben und weich garen. Abgießen und beides wieder in den Topf geben.

- Crème fraîche und Milch verrühren, dann mit der Pasta vermengen. Hähnchen und Speck zugeben und gut würzen.

- Alles in eine Auflaufform geben und mit Parmesan bestreuen. Unter dem vorgeheizten Backofengrill 5 Minuten überbacken.

 Spargel-Hähnchen-Penne mit Parmaschinken 400 g Penne al dente garen. Je 1 EL Olivenöl und Balsamico über 150 g geputzte grüne Spargelstangen träufeln. Würzen und in einer heißen Grillpfanne 5 Minuten braten, oft wenden. Dann klein schneiden. Pasta abgießen, etwas Kochflüssigkeit auffangen. Pasta wieder in den Topf geben und mit Spargel, 1 gebratenen und in Streifen geschnittenen Hähnchenbrust ohne Haut und 3 EL Crème fraîche vermengen, ggf. etwas Kochflüssigkeit zugeben. Mit Salz und Pfeffer würzen. Mit einer Scheibe Parmaschinken pro Portion servieren.

 **Penne mit pochiertem Hähnchen und Spargel** 2 Hähnchenbrüste ohne Haut und Knochen in einen Topf legen und mit heißer Hühnerbrühe bedecken. 1 Spritzer Zitronensaft zugeben und die Hähnchenbrüste 12–15 Minuten sehr sanft garen lassen. Aus dem Topf nehmen, in mundgerechte Stücke schneiden und warm halten. Pochierflüssigkeit in 5–10 Minuten reduzieren, dann 3 EL Crème fraîche und 1 EL fein gehackte Estragonblätter zugeben. 400 g Penne al dente garen. Je 1 EL Olivenöl und Balsamico über 150 g grüne Spargelstangen träufeln. Würzen und in einer heißen Grillpfanne 5 Minuten braten, klein schneiden. Die Pasta abgießen, wieder in den Topf geben und mit Spargel, Sauce und Hähnchen mischen und servieren.

Spaghetti in Anchovissauce mit Zitrone und Rucola

Für 4 Personen

75 g Ciabatta
1 EL Olivenöl
1 Knoblauchzehe, zerdrückt
400 g Spaghetti
50 g Rucola
Salz und frisch gemahlener Pfeffer

Für die Anchovissauce
8 Anchovisfilets in Öl, abgetropft
3 EL Mascarpone
Saft von ½ Zitrone
1 Ei, leicht verquirlt
25 g geriebener Parmesan

- Ciabatta in einer Küchenmaschine oder im Mixer zu groben Bröseln zerkleinern. In einer kleinen Pfanne das Olivenöl erhitzen, den Knoblauch zugeben und mehrmals umrühren. Dann die Brösel in die Pfanne geben und in 5–7 Minuten goldgelb rösten. Herausnehmen und beiseitelegen.

- Für die Anchovissauce die Anchovisfilets auf ein Schneidbrett legen und mit dem Messerrücken zu einer Paste zerdrücken. In eine Schüssel geben und mit Mascarpone mischen, dann Zitronensaft, Ei und Parmesan unterrühren.

- Die Spaghetti in reichlich Salzwasser al dente garen. Abgießen, etwas Kochflüssigkeit auffangen, Pasta wieder in den Topf geben. Mit der Anchovissauce gut mischen, ggf. etwas Kochflüssigkeit zugeben. Würzen, dann den Rucola unterziehen.

- In tiefen Tellern anrichten und mit den Ciabattabröseln bestreut servieren.

 Spaghetti mit butterzarter Anchovis-Rucola-Sauce 400 g Spaghetti al dente garen. 8 abgetropfte Anchovisfilets, 50 g weiche Butter, abgeriebene Schale von 1 unbehandelten Zitrone, Salz und Pfeffer und 75 g Rucola im Mixer vermengen. Mit der abgegossenen Pasta mischen und sofort servieren.

 **Anchovis-Spaghetti mit karamellisierter Zwiebel und Cavolo nero** In einer Pfanne 40 g Butter und 2 EL Olivenöl erhitzen und 1 in Scheiben geschnittene Zwiebel darin bei sehr schwacher Hitze in 10–15 Minuten karamellisieren. 400 g Spaghetti in reichlich Salzwasser al dente garen. In einem Topf 1 EL Olivenöl erhitzen und darin bei schwacher Hitze 1 klein geschnittene Knoblauchzehe weich dünsten. 150 g Cavolo-nero-Blätter (Palmkohl) zugeben und 1–2 Minuten dünsten, dann mit 100 ml Hühnerbrühe ablöschen und den Cavolo nero in 5–7 Minuten weich köcheln. Aus 8 Anchovisfilets, 3 EL Mascarpone, dem Saft von ½ Zitrone, 1 Ei, Salz und Pfeffer sowie 25 g geriebenem Parmesan eine Anchovissauce zubereiten. Die Spaghetti abgießen. Zwiebeln, Cavolo nero, Sauce und Pasta vermengen und servieren.

Chorizo-Paprika-Fiorelli

Für 2 Personen

200 g Fiorelli

1 EL Olivenöl zzgl. Olivenöl zum Beträufeln

75 g Chorizo, in dünne Scheiben geschnitten

1 rote Paprika, entstielt, entkernt, in Stücke geschnitten

1 Knoblauchzehe, zerdrückt

1 EL Tomatenmark

75 ml trockener Weißwein

1 TL Zucker

Salz und frisch gemahlener Pfeffer

1 Handvoll fein gehackte glatte Petersilienblätter zum Garnieren

- Die Fiorelli in reichlich Salzwasser al dente garen.

- In einer großen Pfanne das Olivenöl erhitzen und die Chorizoscheiben darin in einigen Sekunden knusprig anbraten. Herausnehmen und beiseitelegen.

- Die rote Paprika in der Pfanne in einigen Minuten leicht anbraten. Knoblauch und Tomatenmark einrühren und weitere 30 Sekunden braten. Weißwein und Zucker unterrühren. Aufkochen und in 5 Minuten leicht reduzieren, dann würzen.

- Die Pasta abgießen und mit etwas Olivenöl beträufeln. Mit Chorizo und Sauce vermengen. In tiefen Tellern anrichten und mit Petersilienblättern bestreut servieren.

2 **Venusmuschel-Hähnchen-Pasta mit Chorizo und Safran** Den Backofengrill auf mittlerer Stufe vorheizen. 1 Hähnchenbrust ohne Knochen unter dem vorgeheizten Backofengrill von jeder Seite 7 Minuten backen, dann in feine Streifen schneiden. In einem großen Topf 1 EL Olivenöl erhitzen und 100 g gewürfelte Chorizo und 1 geputzte und klein geschnittene rote Paprika darin anbraten, 150 ml Weißwein zugießen. 1 Prise Safranfäden und 500 g gesäuberte Venusmuscheln zugeben und mit Salz und Pfeffer würzen. Zugedeckt 5 Minuten köcheln, den Topf ab und zu rütteln. Dann sollten die Muscheln sich geöffnet haben, ungeöffnete wegwerfen. 200 g Orzo garen und abgießen. Mit der Chorizo-Muschel-Mischung und dem Hähnchen vermengen und sofort servieren.

3 **Pasta mit Paprikasauce** Den Backofen auf 190 °C vorheizen. 1 geputzte und klein geschnittene rote Paprika und 3 halbierte Tomaten in eine Bratform geben, würzen und mit je 1 EL Olivenöl und Weißwein beträufeln. Im vorgeheizten Backofen 20–25 Minuten backen. 200 g Fiorelli al dente garen und abgießen. Paprika und Tomaten mit geräuchertem Paprikapulver bestreuen und mit der Pasta mischen, abschmecken. Dazu je 1 Tupfer Schmand servieren.

Linguine mit Muscheln und Tomaten

Für 2 Personen

3 EL Olivenöl

2 Knoblauchzehen, klein geschnitten

1 rote Chili, entkernt und fein gehackt

75 ml trockener Weißwein

250 g Tomaten, entkernt und gewürfelt

500 g Muscheln ohne Bart, abgespült

200 g Linguine

1 Handvoll fein gehackte glatte Petersilienblätter

Salz und frisch gemahlener Pfeffer

- In einem großen Topf das Olivenöl erhitzen und Knoblauch und Chili darin in einigen Sekunden Farbe ziehen lassen. Den Weißwein zugießen und einige Minuten köcheln, bis dieser zur Hälfte reduziert ist. Die Tomaten unterrühren und weitere 5 Minuten köcheln, ggf. etwas Wasser zugeben.

- Die Muscheln in den Topf geben und zugedeckt 5 Minuten köcheln, dabei hin und wieder den Topf leicht rütteln. Dann sollten alle Muscheln geöffnet sein, ungeöffnete wegwerfen.

- Die Linguine in reichlich Salzwasser al dente garen. Abgießen und mit denTomatenmuscheln mischen und würzen. Mit Petersilienblättern bestreut sofort servieren.

Jakobsmuschel-Linguine 200 g Linguine al dente garen. In einer Pfanne 2 EL Olivenöl erhitzen und 6 große Jakobsmuscheln darin von jeder Seite 2 Minuten braten. Pasta abgießen und wieder in den Topf geben. Muscheln, 1 guten Spritzer Zitronensaft, 2 entkernte und gewürfelte Tomaten und 1 Prise getrocknete Chiliflocken sowie Salz und Pfeffer untermengen und sofort servieren.

Jakobsmuschel-Linguine auf Cajunart 200 g Linguine al dente garen. In einer Pfanne 1 EL Olivenöl erhitzen und 150 g in Scheiben geschnittene geräucherte Wurst darin bräunen. 1 gehackte Zwiebel zugeben und weich dünsten. 2 zerdrückte Knoblauchzehen und 1 TL gemahlene Cajunwürze einrühren. 1 Dose gehackte Tomaten (400 g) zugeben und alles 20 Minuten köcheln. 6 große gebratene Jakobsmuscheln zufügen. Die Linguine abgießen, in einen Topf geben, mit der Cajunsauce mischen und servieren.

Spaghetti mit Salsa verde und Grillhähnchen

Für 4 Personen

2 Hähnchenbrüste ohne Haut und
   Knochen
1 EL Olivenöl
400 g Spaghetti
Salz und frisch gemahlener Pfeffer

Für die Salsa verde
1 gute Handvoll glatte Petersilienblätter
1 Handvoll Basilikumblätter
1 Knoblauchzehe, zerdrückt
5 EL extra natives Olivenöl
abgeriebene Schale von 1 unbehandelten Zitrone
1 Spritzer Zitronensaft
1–2 EL Kapern, abgespült und abgetropft

- Den Backofengrill auf mittlerer Stufe vorheizen. Die Hähnchenbrüste mit Olivenöl bestreichen und gut würzen. Unter dem vorgeheizten heißen Backofengrill von jeder Seite 7 Minuten backen.

- Die Spaghetti in reichlich Salzwasser al dente garen.

- Für die Salsa verde Kräuter, Knoblauch, Olivenöl, Zitronenschale und -saft im Mixer kurz zerkleinern, dann die Kapern zugeben und das Ganze zu einer sämigen Paste verarbeiten.

- Die Spaghetti abgießen, dabei etwas Kochflüssigkeit auffangen. Die Pasta wieder in den Topf geben und mit der Salsa verde mischen, ggf. etwas Kochwasser unterrühren. Abschmecken.

- Das Hähnchen in dicke Scheiben schneiden. Die Pasta mit Hähnchen auf flachen Tellern anrichten.

 Penne-Hähnchen-Salat mit Salsa verde

400 g frische Penne al dente garen. Aus 1 guten Handvoll glatten Petersilienblättern, 1 Handvoll Basilikumblättern, 1 Knoblauchzehe, 5 EL extra nativem Olivenöl, der bgeriebenen Schale von 1 unbehandelten Zitrone, 1 Spritzer Zitronensaft und 1–2 EL Kapern eine Salsa verde zubereiten. Pasta abgießen, mit der Salsa verde mischen und abschmecken. 2 gegarte Hähnchenbrüste in Streifen schneiden, klein geschnittene sonnengetrocknete Tomaten in Öl zugeben.

 **Pastasuppe mit Hähnchen und Wirsing**

1 geputzte, in Scheiben geschnittene Karotte, 3 Hähnchenschenkel ohne Haut und Knochen und 1,5 l heiße Hühnerbrühe in einen großen Topf geben und das Fleisch in ca. 20 Minuten darin pochieren. Hähnchenfleisch herausnehmen und etwas abkühlen lassen, dann in schmale Streifen schneiden. Wieder in den Topf geben, 1 gute Handvoll in Streifen geschnittenen Wirsing zugeben und 5 Minuten köcheln lassen. 400 g Orzo garen. Pasta abgießen, in die Suppe geben und wieder erhitzen. Abschmecken und mit Salsa verde aus dem Glas beträufelt servieren.

Dicke-Bohnen-Trottole mit Ziegenkäse

Für 2 Personen

200 g Tricolore trottole
75 g Dicke Bohnen ohne Haut aus
    dem Glas
1 EL Olivenöl
1 Knoblauchzehe, klein geschnitten
125 g Kirschtomaten
50 g weicher Ziegenkäse
Salz und frisch gemahlener Pfeffer
1 EL gehackte Oreganoblätter zum
    Garnieren

• Die Pasta in reichlich Salzwasser al dente garen. Die Dicken Bohnen 3–4 Minuten vor Garende zugeben und weich garen.

• In einer großen Pfanne das Olivenöl erhitzen und den Knoblauch 30 Sekunden darin anbraten, dann die Tomaten zugeben. 5–7 Minuten mitdünsten, dann die Tomaten mit einem Löffelrücken zerdrücken und das Ganze gut würzen.

• Die Pasta abgießen, etwas Kochflüssigkeit auffangen. Pasta wieder in den Topf geben und mit der Tomatensauce mischen. Ggf. etwas Kochflüssigkeit unterrühren.

• In tiefen Tellern anrichten. Den Ziegenkäse zerteilen und darübergeben. Mit Oregano bestreut servieren.

 Pancetta-Dicke-Bohnen-Trottole In einer großen Pfanne 1 EL Olivenöl erhitzen und 5 Scheiben in Streifen geschnittenen Pancetta darin anbraten. 1 in Scheiben geschnittene Knoblauchzehe und 50 ml trockenen Weißwein zugeben und einkochen lassen. ½ Dose gehackte Tomaten (200 g) unterrühren und 10 Minuten köcheln, ggf. etwas Wasser zugeben. 200 g Tricolore trottole al dente und 3–4 Minuten vor Garende zugegebene 75 g Dicke Bohnen weich garen, abgießen und mit der Sauce und 1 Handvoll Oreganoblättern vermengen. Gut würzen. Mit 50 g Ziegenkäsestückchen bestreut sofort servieren.

 **Lasagne mit Ziegenkäse und Dicke-Bohnen-Salat** Aus 1 EL Olivenöl, 1 klein geschnittenen Knoblauchzehe, 125 g Kirschtomaten und 5 abgetropften, gehackten sonnengereiften Tomaten in Öl eine Tomatensauce zubereiten. 100 ml Hühnerbrühe zugießen, mit Salz und Pfeffer würzen und 10 Minuten köcheln lassen. 4 getrocknete Lasagneblätter in Salzwasser 7–10 Minuten garen und abtropfen lassen. Die Blätter halbieren und auf jeden Teller jeweils ½ Lasagneblatt legen. Jeweils Sauce und Stückchen von 150 g Ziegenkäse darauf verteilen, dann das Ganze wiederholen. Mit Ziegenkäse enden. 75 g gegarte und abgekühlte Dicke Bohnen mit 1 kleinen gehackten Schalotte, 50 g jungen Salatblättern, 1 Spritzer Zitronensaft und 2 EL extra nativem Öl mischen, in vier Salatschüsseln anrichten und zur Lasagne servieren.

# Mexikanische Hähnchen-Tagliatelle

Für 4 Personen

3 EL Olivenöl

1 Zwiebel, fein gehackt

2 Knoblauchzehen, fein gehackt

1 EL Tomatenmark

1 Dose gehackte Tomaten (400 g)

1 TL Chipotle-Sauce (alternativ eine andere scharfe Chilisauce)

2 Hähnchenbrüste ohne Knochen

400 g Tagliatelle

50 g Schmand

Salz und frisch gemahlener Pfeffer

1 EL gehackte Korianderblätter zum Garnieren

- In einem Topf 2 EL Olivenöl erhitzen und die Zwiebeln darin unter Rühren 3 Minuten braten. Den Knoblauch zugeben und 2–3 Minuten mitbraten. Tomatenmark, Tomaten und Chipotle einrühren und 20 Minuten köcheln lassen, ggf. etwas Wasser zugeben und abschmecken.

- Das übrige Olivenöl auf die Hähnchenbrüste streichen und diese gut würzen. Eine Grillpfanne auf höchster Stufe erhitzen und die Brüste von jeder Seite 7 Minuten darin scharf anbraten. Alternativ unter dem heißen Backofengrill garen.

- Die Tagliatelle in reichlich Salzwasser al dente garen. Abgießen, etwas Kochflüssigkeit auffangen. Pasta mit Tomatensauce mischen, ggf. etwas Kochflüssigkeit unterrühren.

- Die Hähnchenbrüste in mundgerechte Stücke schneiden und unter die Pasta rühren. In tiefen Tellern anrichten und mit je einem Tupfer Schmand und mit Korianderblättern bestreut servieren.

 Scharfer Penne-Hähnchen-Salat 400 g frische Penne al dente garen. Abgießen, kalt abschrecken und abtropfen lassen. 5 entkernte Tomaten würfeln, 2 Frühlingszwiebeln und ½ entkernte rote Chili hacken. Alles mit 1 Spritzer Zitronensaft und einigen Tropfen Olivenöl mischen und mit Salz und Pfeffer würzen. Pasta in einer Servierschüssel mit dem Tomatendressing und 1 in Streifen geschnittenen gegarten Hähnchenbrust vermengen. Sofort servieren.

 **Tagliatelle mit Hähnchen und scharfer Tomatensauce** Den Backofengrill auf hoher Stufe vorheizen. 2 Hähnchenbrüste ohne Haut und Knochen in einen kleinen Topf legen, mit reichlich Hühnerbrühe bedecken und bei sehr schwacher Hitze darin gar ziehen lassen. 250 g Kirschtomaten und 1 entkernte rote Chili in eine Grillpfanne legen und mit 1 TL Olivenöl beträufeln. Unter dem vorgeheizten heißen Backofengrill 10 Minuten backen, bis sie nahezu schwarz sind. Die Haut abziehen und die Kerne entfernen. In einer Küchenmaschine mit 5 EL Schmand und 1 Handvoll Korianderblättern gut vermengen und mit Salz und Pfeffer abschmecken. 400 g Tagliatelle al dente garen. Abgießen, etwas Kochflüssigkeit auffangen und die Pasta wieder in den Topf geben. Tomatensauce und ggf. etwas Kochflüssigkeit zugeben und unterrühren. Hähnchen in Scheiben schneiden und daraufgelegen. Mit Korianderblättern bestreuen und servieren.

Zitronen-Conchiglie mit Thunfisch und Kapern

Für 4 Personen

400 g Conchiglie

1 Knoblauchzehe, zerdrückt

Saft und abgeriebene Schale von
½ unbehandelten Zitrone

5 EL extra natives Olivenöl

1 Dose Thunfisch in Öl (125 g), abgetropft

2 EL Kapern, abgespült und abgetropft

1 gute Handvoll gehackte glatte Petersilienblätter

Salz und frisch gemahlener Pfeffer

- Conchiglie in reichlich Salzwasser al dente garen.

- In einer Schüssel Knoblauch, Zitronensaft, Zitronenschale und Olivenöl verrühren. Den Thunfisch mit einer Gabel auseinanderzupfen und mit den Kapern ebenfalls in die Schüssel geben. Alles zu einem Dressing vermengen.

- Die Pasta abgießen, etwas Kochflüssigkeit aufbewahren. Pasta zum Thunfisch-Kapern-Dressing geben und mischen, evtl. etwas Kochflüssigkeit zufügen. Gut würzen, Petersilienblätter unterrühren und sofort servieren.

Thunfisch-Kapern-Pasta mit Rucola

400 g Orzo garen. 2 EL extra natives Olivenöl mit 1 Spritzer Zitronensaft verrühren, dann 225 g abgetropften Thunfisch in Öl und 4 EL abgespülte, abgetropfte Kapern unterrühren und abschmecken. Pasta abgießen und wieder in den Topf geben. Das Thunfischdressing unterrühren, dann 150 g gehackte Rucolablätter unterheben. Sofort servieren.

Thunfisch-Kapern-Conchiglie mit Petersilie Den Backofen auf 110 °C vorheizen. 2 dicke Thunfischsteaks mit 1 EL Olivenöl bestreichen und in eine Auflaufform legen. Im vorgeheizten Backofen 20–25 Minuten garen (Garzeit hängt von der Stärke der Steaks ab). 400 g Conchiglie al dente garen und abgießen. Den Fisch in Stücke teilen und mit 1 gehackten roten Zwiebel, 2 EL abgespülten und abgetropften Kapern, 1 Spritzer Zitronensaft und 1 Handvoll gehackten glatten Petersilienblättern unter die Pasta mengen, würzen. Sofort servieren.

Orecchiette mit Brokkolini in Anchovissahne

Für 4 Personen

2 EL Olivenöl

1 EL Butter

1 Zwiebel, in Scheiben geschnitten

3 Knoblauchzehen, klein geschnitten

½ TL getrocknete Chiliflocken

8 Anchovisfilets in Öl, abgetropft

100 g Sahne

125 g Brokkolini (Sprossenbrokkoli)

400 g Orecchiette

Salz und frisch gemahlener Pfeffer

- In einer großen Pfanne Olivenöl und Butter erhitzen und die Zwiebeln darin in 10 Minuten weich dünsten. Knoblauch, Chiliflocken und Anchovis zugeben und weitere 2–3 Minuten dünsten, bis die Anchovisfilets zerfallen. Filets mit einem Löffelrücken zerdrücken, die Sahne einrühren und würzen. Warm halten.

- Den Brokkolini in reichlich Salzwasser 3 Minuten kochen, mit einem Schaumlöffel herausnehmen. Die Pasta ins Kochwasser geben und al dente garen.

- Den Brokkolini in die Anchovissauce geben und zugedeckt 3–5 Minuten darin garen.

- Pasta abgießen, etwas Kochwasser auffangen. Pasta mit der Sauce mischen und ggf. etwas Kochwasser untermengen. Sofort servieren.

Orecchiette mit Brokkolisauce 500 g frische Orecchiette al dente garen. 150 g violetten Sprossenbrokkoli in reichlich Salzwasser in 5 Minuten garen. Abgießen und in einer Küchenmaschine mit 1 zerdrückten Knoblauchzehe, 3 abgetropften und zerdrückten Anchovisfilets, Saft und Schale von ½ unbehandelten Zitrone, 25 g geriebenem Parmesan, 1 Prise getrockneten Chiliflocken und 4 EL extra nativem Olivenöl zu einer stückigen Sauce verarbeiten, mit Salz und Pfeffer würzen. Pasta abgießen, wieder in den Topf geben und mit der Brokkolisauce mischen. Sofort servieren.

Anchovis-Orecchiette mit geröstetem Brokkoli Den Backofen auf 200 °C vorheizen. 1 Brokkoli in Röschen teilen, diese mit 3 EL Olivenöl mischen und würzen. In eine Auflaufform geben und im vorgeheizten Backofen in 20–25 Minuten weich backen. In der Zwischenzeit 400 g Orecchiette al dente garen. 8 abgetropfte Anchovisfilets mit dem Löffelrücken zerdrücken und mit 1 kleingeschnittenen Knoblauchzehe vermengen. Anchovismischung und Brokkoli mit der Pasta mischen und mit geriebenem Parmesan bestreut servieren.

Hähnchen-Fusilli mit Paprika-Mandel-Pesto

Für 4 Personen

400 g Fusilli

2 gebratene Hähnchenbrüste

Salz

Für das Mandelpesto

5 EL extra natives Olivenöl

2 rote Paprika

1 gute Handvoll Basilikumblätter zzgl.
Blätter zum Garnieren

25 g geröstete Mandeln

40 g geriebener Pecorino zzgl. Pecorino zum Bestreuen

- Den Backofengrill auf mittlerer Stufe vorheizen. Für das Pesto 1 EL Olivenöl auf die Paprika geben. Unter dem vorgeheizten Backofengrill 10 Minuten backen (einmal wenden), bis die Paprika schwarz werden. Paprika in einen Gefrierbeutel legen, abkühlen lassen, dann die Haut abziehen, halbieren und entkernen.

- Paprika in einer Küchenmaschine mit dem übrigen Olivenöl, Basilikumblättern, Mandeln und Pecorino zu einer glatten Paste verarbeiten. Ggf. etwas mehr Öl oder 1 Spritzer Wasser zugeben. Mit Salz würzen.

- Die Fusilli in reichlich Salzwasser al dente garen. Abgießen, etwas Kochflüssigkeit auffangen. Pasta wieder in den Topf geben. Pesto untermengen, ggf. etwas Kochflüssigkeit unterarbeiten.

- Die Hähnchenbrüste in Streifen schneiden, die Haut entfernen. Das Fleisch zu den Fusilli geben. In tiefen Tellern anrichten und mit Basilikumblättern und Pecorino bestreut servieren.

Mandelpasta mit Röstpaprika 400 g Fusilli al dente garen. Abgießen, kalt abschrecken und abtropfen lassen. Je 25 g geröstete Mandeln und geriebenen Pecorino mit 4 EL Mayonnaise verrühren. Fusilli in eine große Schüssel geben und mit der Sauce gut vermengen. 2 abgetropfte geröstete rote Paprika aus dem Glas hacken und mit 1 Handvoll gehackten Basilikumblättern unterziehen. Abschmecken und mit Mandelblättern bestreut sofort servieren.

Paprikapesto-Fusilli mit Mandelhähnchen Den Backofengrill auf mittlerer Stufe vorheizen. 1 rote Chili und 2 rote Paprika mit 1 EL Olivenöl bestreichen und unter dem Backofengrill 10 Minuten backen. Häuten, entkernen und aus 4 EL Olivenöl, 1 guten Handvoll Basilikumblättern, 25 g gerösteten Mandeln, 25 g geriebenem Pecorino und Salz in der Küchenmaschine ein Pesto zubereiten. 50 g weichen Ziegenkäse mit 1 Handvoll gehackten Basilikumblättern in einer Schüssel mischen. Unter die Haut von 4 Hähnchenbrüsten ohne Knochen streichen, dann diese unter dem heißen Backofengrill von jeder Seite 7 Minuten backen. 300 g Fusilli al dente garen und abgießen. Die Fusilli mit Pesto mischen und mit dem mit gerösteten Mandeln bestreuten Hähnchen servieren.

Gnocchi mit Porree und Gorgonzola

Für 4 Personen

25 g Butter

2 Porreestangen, geputzt und in Scheiben geschnitten

1 Zwiebel, klein geschnitten

1 Knoblauchzehe, fein gehackt

75 g Sahne

75 g Gorgonzola, zerkrümelt

500 g frische Gnocchi

25 g geröstete Walnüsse, grob gehackt

Salz und frisch gemahlener Pfeffer

- In einem Topf die Butter zerlassen, Porree, Zwiebeln und 1 Spritzer Wasser zugeben und das Gemüse in 15 Minuten gar dünsten. Den Knoblauch einrühren und 1 Minute mitgaren. Sahne und Gorgonzola in den Topf geben und alles so lange köcheln, bis der Käse geschmolzen ist.

- Die Gnocchi in reichlich Salzwasser garen. Abgießen, etwas Kochflüssigkeit auffangen. Gnocchi wieder in den Topf geben. Mit der Sauce mischen, ggf. mit etwas Kochflüssigkeit verdünnen und gut würzen.

- In tiefen Tellern anrichten und mit den gerösteten Walnüssen bestreut servieren.

Gorgonzola-Gnocchi mit Spinat 500 g Gnocchi garen. Vor dem Abgießen 250 g junge Spinatblätter zugeben. Abgießen und die Kochflüssigkeit auffangen. Gnocchi und Spinat zurück in den Topf geben. 75 g zerkrümelten Gorgonzola und reichlich Kochflüssigkeit unter Pasta und Spinat geben, damit eine Sauce entsteht. Mit Salz und Pfeffer würzen. Sofort servieren.

Gnocchi mit Röstschalotten und Gorgonzola Den Backofen auf mittlerer Stufe vorheizen. 150 g Schalotten in einer Bratform mit 3 EL Olivenöl und 1 EL Balsamico vermengen. Mit 3–4 Thymianzweigen belegen und die Schalotten im vorgeheizten Backofen in 20–25 Minuten goldgelb backen. 500 g frische Gnocchi garen, etwas Kochflüssigkeit auffangen. Mit den Schalotten und ihrem Sud mischen, ggf. etwas Kochflüssigkeit unterrühren und abschmecken. Mit 75 g zerkrümeltem Gorgonzola bestreut servieren.

Linguine mit Chicorée, Pancetta und Mascarpone

Für 2 Personen

1 EL Olivenöl

50 g Pancettawürfel

1 kleine Zwiebel, klein geschnitten

1 Knoblauchzehe, klein geschnitten

2 rote Chicorée, geputzt, in dünne
Scheiben geschnitten

50 ml trockener Weißwein

50 ml Hühnerbrühe

200 g Linguine

25 g Mascarpone

1 EL geriebener Parmesan zzgl.
Parmesan zum Bestreuen

Salz und frisch gemahlener Pfeffer

- In einer Pfanne das Olivenöl erhitzen und den Pancetta darin braun anbraten. Die Zwiebeln zugeben und in 5 Minuten goldgelb braten.

- Den Knoblauch zugeben und 30 Sekunden braten, dann den Chicorée unterrühren. Einige Minuten dünsten, bis die Blätter zusammenfallen, dann mit Wein ablöschen. Die Flüssigkeit um die Hälfte reduzieren, die Brühe zugießen und 7 Minuten köcheln lassen.

- Die Linguine in reichlich Salzwasser al dente garen. Abgießen, etwas Kochflüssigkeit auffangen. Linguine wieder in den Topf geben.

- Mascarpone und Parmesan in die Sauce rühren, gut würzen und mit der Pasta vermengen. Ggf. etwas Kochwasser unterrühren. Auf flachen Tellern anrichten und mit Parmesan bestreut servieren.

Linguine mit Grillchicorée, Pancetta und Mascarpone Den Backofengrill auf mittlerer Stufe vorheizen. 200 g Linguine al dente garen. 2 geviertelte Chicorée mit 1 EL Olivenöl bestreichen und unter dem heißen Backofengrill 2 Minuten von jeder Seite grillen. Mit 2 TL Balsamico beträufeln. In einer Pfanne 1 EL Olivenöl erhitzen und 75 g Pancettawürfel in 5 Minuten goldbraun rösten. Pasta abgießen und mit Chicorée und Pancetta mischen, gut würzen. Mit 40 g Parmesan bestreuen und mit 1 Tupfer Mascarpone garnieren. Sofort servieren.

Pancetta-Mascarpone-Linguine mit gebackenem Chicorée Den Backofen auf 180 °C vorheizen. 4 Chicorée halbieren und in eine Auflaufform legen. Butterflöckchen daraufsetzen und 100 ml Hühnerbrühe zugießen. Im vorgeheizten Backofen 20–25 Minuten backen. 200 g Linguine al dente garen und abgießen. 50 g Pancettawürfel, 1 kleingeschnittene Zwiebel und 1 klein geschnittene Knoblauchzehe in 1 EL Olivenöl braten. Chicorée in Spalten schneiden und mit Pasta, Pancettamischung, 25 g Mascarpone und 1 EL Parmesan vermengen und würzen.

Rigatoni mit Garnelen-Tomaten-Sauce und Feta

Für 4 Personen

2 EL Olivenöl

1 Zwiebel, fein gehackt

2 Knoblauchzehen, fein gehackt

1 TL Tomatenmark

Saft von ½ Zitrone

1 TL Zucker

½ TL getrocknete Chiliflocken

1 Dose gehackte Tomaten (400 g)

200 g geschälte rohe Garnelen

400 g Rigatoni

50 g Feta

Salz und frisch gemahlener Pfeffer

1 EL gehackte glatte Petersilienblätter
   zum Garnieren

- In einem Topf das Olivenöl erhitzen, Zwiebeln und Knoblauch einige Minuten darin braten. Tomatenmark einrühren, dann Zitronensaft, Zucker, Chiliflocken und Tomaten zugeben. Aufkochen und bei schwacher Hitze 10 Minuten köcheln lassen.

- Den Topf vom Herd nehmen, dann das Ganze mit einem Stabmixer pürieren. Topf wieder auf den Herd stellen, die Garnelen zugeben und 3–5 Minuten garen, bis sie rosafarben sind. Gut würzen.

- Die Pasta in reichlich Salzwasser al dente garen. Abgießen, etwas Kochflüssigkeit auffangen. Rigatoni wieder in den Topf geben. Mit der Garnelensauce mischen, ggf. etwas Kochflüssigkeit unterrühren. In tiefen Tellern anrichten, den Feta darüberkrümeln und mit Petersilienblättern bestreut servieren.

Garnelen-Penne mit Tomatensauce und Feta 400 g frische Penne al dente garen, 5 Minuten vor Garende 200 g geschälte rohe Garnelen zugeben und mitgaren. 2 entkernte und gehackte Tomaten, 1 EL süße Chilisauce aus dem Glas und 1 Handvoll gehackte Basilikumblätter verrühren und mit Salz und Pfeffer würzen. Pasta und Garnelen abgießen, beides wieder in den Topf geben, mit 1 EL Olivenöl beträufeln und mit der Tomatensauce mischen. Mit 50 g zerbröckeltem Feta bestreut sofort servieren.

Gebackene-Garnelen-Rigatoni mit Feta Den Backofengrill auf mittlerer Stufe vorheizen. 500 g Tomatensauce aus dem Glas mit 200 ml Fischbrühe erhitzen. 10 Minuten köcheln, dann 400 g Rigatoni hinzufügen und das Ganze weitere 10 Minuten köcheln, ab und an umrühren. 200 g geschälte rohe Garnelen zugeben und 3–5 Minuten mitgaren. Mit Salz und Pfeffer würzen. In eine Auflaufform geben. 50 g zerbröckelten Feta, 1 Handvoll frische Semmelbrösel und 1 Handvoll gehackte glatte Petersilienblätter mischen und darüberstreuen. Unter dem heißen Backofengrill in einigen Minuten bräunen.

Bucatini mit Sardinen und Fenchel

Für 4 Personen

1 Prise Safranfäden

3 EL Olivenöl

1 Knoblauchzehe, fein gehackt

50 g frische Semmelbrösel

400 g Bucatini

1 Zwiebel, gehackt

1 Fenchelknolle, gewürfelt

1 TL Fenchelsamen

2 Anchovisfilets in Öl, abgetropft

2 EL Rosinen

4 Sardinen ohne Gräten, filetiert

Salz und frisch gemahlener Pfeffer

2 EL geröstete Pinienkerne zum Garnieren

1 Handvoll gehackter Dill zum Garnieren

- In einer kleinen Schüssel den Safran mit 5 EL kochendem Wasser übergießen. 5 Minuten weichen lassen. In einer kleinen Pfanne 1 EL Olivenöl erhitzen und Knoblauch und Semmelbrösel darin goldgelb braten. Beiseitestellen.

- Die Bucatini in reichlich Salzwasser al dente garen. In einer großen Pfanne 1 weiteren EL Olivenöl erhitzen, Zwiebeln, Fenchelknolle und -samen darin in 5 Minuten weich dünsten. Anchovis zugeben, zerkleinern, dann den Safran mit Einweichwasser in die Pfanne geben. Die Rosinen hinzufügen und das Ganze 2 Minuten kochen.

- Die Sardinen mit dem übrigen Olivenöl bestreichen und gut würzen. In einer vorgeheizten Grillpfanne oder unter dem Backofengrill 3 Minuten von jeder Seite garen. Die Pasta abgießen, etwas Kochflüssigkeit auffangen. Pasta wieder in den Topf geben, mit der Sauce mischen und ggf. etwas Kochwasser unterrühren. Gut würzen. Auf flachen Tellern anrichten, die Sardinen darauflegen. Mit Pinienkernen, Semmelbröseln und Dill bestreut servieren.

Sardinen-Spaghetti 400 g Spaghetti al dente garen. 120 g Sardinen in Tomatensauce aus dem Glas und 1 gehackte Tomate in einen Topf geben und erhitzen. 1 EL abgespülte Kapern unterrühren und die Sauce mit Salz und Pfeffer würzen. Pasta abgießen, etwas Kochflüssigkeit auffangen und Spaghetti wieder in den Topf geben. Mit Sauce und ggf. etwas Kochflüssigkeit vermengen. Sofort servieren.

Sardinen-Tomaten-Bucatini mit Walnusspesto In einem Topf 1 EL Olivenöl erhitzen, 1 gehackte Tomate darin weich dünsten. 1 gehackte Knoblauchzehe und 1 Spritzer Balsamico, dann 300 g Passata (fein passierte Tomaten) zugeben. Das Ganze 10 Minute köcheln. 120 g abgetropfte Sardinen in Öl aus der Dose zufügen, mit Salz und Pfeffer würzen und weitere 10 Minuten köcheln. 400 g Bucatini al dente garen. 75 g Walnüsse, 1 Knoblauchzehe, 1 Spritzer Zitronensaft, 1 EL abgespülte Kapern, 5 EL extra natives Olivenöl und 1 Handvoll Basilikum in einer Küchenmaschine zu einem Pesto verarbeiten. Sardinensauce und Pasta mischen und mit dem Walnusspesto servieren.

 Käse-Tortellini mit Oliven-Tomaten-Sauce

Für 4 Personen

2 EL Olivenöl

1 Knoblauchzehe, klein geschnitten

75 g entsteinte schwarze Oliven

150 g Kirschtomaten, halbiert

1 Handvoll gehackte Basilikumblätter

500 g frische Käse-Tortellini

Salz und frisch gemahlener Pfeffer

- Eine Pfanne auf dem Herd erhitzen, dann das Olivenöl hineingeben. Knoblauch und Oliven 30 Sekunden darin braten, dann die Tomaten zugeben und einige Minuten erhitzen, bis diese weich werden. Abschmecken und Basilikumblätter unterrühren.

- Die Käse-Tortellini in reichlich Salzwasser garen. Abgießen, mit der Sauce vermengen und sofort servieren.

 Farfalle mit Oliven-Anchovis-Tapenade

400 g Farfalle al dente garen. 1 zerdrückte Knoblauchzehe, den Saft von ½ Zitrone, 3 abgetropfte Anchovisfilets in Öl aus der Dose, 100 g entsteinte schwarze Oliven, 1 Handvoll glatte Petersilienblätter und 3 EL extra natives Olivenöl zu einer groben Tapenade verarbeiten. Pasta abgießen, etwas Wasser auffangen. Pasta wieder in den Topf geben und mit der Tapenade und ggf. etwas Kochflüssigkeit vermengen. 2 gehackte Tomaten unterrühren, abschmecken und servieren.

 Vier-Käse-Pasta mit Oliven-Tomaten-Sauce

100 g Frischkäse, 75 g Dolcelatte (italienischer Weichkäse), 75 g geriebenen Gruyère und 25 g geriebenen Parmesan vermengen und mit Salz und Pfeffer abschmecken. 4 frische Pastascheiben auf eine leicht bemehlte Arbeitsfläche legen und 16 Kreise (4 cm Durchmesser) ausstechen. Die Ränder mit 1 verquirlten Eigelb bestreichen und jeweils 1 TL von der Füllung in die Mitte setzen. Dann die Ränder zusammenlegen und fest andrücken. Portionsweise 3 Minuten in Salzwasser kochen.

350 g Tomatensauce aus dem Glas erhitzen und 75 g entsteinte schwarze Oliven darin erwärmen. Pasta mit der Sauce vermengen und sofort servieren.

 # Spanische Meeresfrüchtepasta

Für 4 Personen

2 EL Olivenöl

1 Zwiebel, fein gehackt

1 Knoblauchzehe, zerdrückt

1 TL Tomatenmark

1 TL Paprikapulver

125 ml trockener Weißwein

1 Dose gehackte Tomaten (400 g)

1 l Hühnerbrühe

300 g Capelli d'angelo

200 g Muscheln ohne Bart, gebürstet

125 g große ungeschälte gegarte Garnelen

75 g gegarte Tintenfischringe

- In einem großen Topf das Öl erhitzen, Zwiebeln und Knoblauch darin bei mittlerer Hitze in 5 Minuten weich dünsten. Tomatenmark und Paprikapulver einrühren, dann den Weißwein zugießen und in 1–2 Minuten reduzieren. Tomaten und Hühnerbrühe zugeben und aufkochen.

- Die Pasta in etwa 2,5 cm lange Stücke brechen. Mit in den Topf geben und zugedeckt 5 Minuten sanft köcheln lassen, ab und zu umrühren, damit die Pasta nicht ansetzt.

- Die Muscheln in den Topf geben und zugedeckt 3 Minuten köcheln, bis sie sich öffnen. Garnelen und Tintenfischringe hinzufügen und weitere 2 Minuten köcheln lassen. Dann sollten alle Muscheln geöffnet sein, ungeöffnete herausnehmen und wegwerfen.

- Den Topf einfach zum Bedienen für alle auf den Tisch stellen.

 **Orzo-Meeresfrüchte-Salat** 300 g Orzo garen. 3 Minuten vor Ende der Garzeit 125 g geschälte und gegarte Garnelen und 1 Minute vor Ende der Garzeit 75 g gegarte Tintenfischringe zugeben und mitkochen. Abgießen, in eine Servierschüssel füllen und mit 1 Spritzer Zitronensaft, 2 EL extra nativem Olivenöl, 2 gehackten Tomaten, 50 g Rucola und 1 Handvoll entsteinten schwarzen Oliven mischen und gut würzen.

 **Spanische Meeresfrüchtepasta mit Hähnchen** Den Backofen auf 200 °C vorheizen. 2 Hähnchenbrüste ohne Knochen mit 1 EL Olivenöl bestreichen und in eine Bratform legen. Im vorgeheizten Backofen in 20 Minuten garen. In der Zwischenzeit in einem großen Topf 1 feingehackte Zwiebel und 1 zerdrückte Knoblauchzehe in 2 EL Olivenöl weich dünsten. 1 TL Tomatenmark und 1 TL Paprikapulver einrühren, 125 ml Weißwein zugießen und in 1–2 Minuten reduzieren. Mit 1 Dose gehackten Tomaten (400 g) und 1 l Hühnerbrühe aufkochen. 300 g Capelli d'angelo in etwa 2,5 cm lange Stücke brechen, mit in den Topf geben und zugedeckt 5 Minuten sanft köcheln lassen. 200 g geputzte Muscheln 3 Minuten mitköcheln. Hähnchen in Scheiben schneiden, die Haut abziehen. Mit 125 g gegarten Tintenfischringen 2 Minuten vor Ende der Garzeit mit in den Topf geben, abschmecken.

20 Linguine mit Lamm und Chili

Für 4 Personen

2 EL Olivenöl

4 Lammkoteletts mit Knochen

400 g Linguine

2 Knoblauchzehen, klein geschnitten

1 rote Chili, entkernt und klein geschnitten

50 ml trockener Weißwein

Salz und frisch gemahlener Pfeffer

1 EL gehackte Minzeblätter zum
Garnieren

- Den Backofengrill auf mittlerer Stufe vorheizen. Die Koteletts mit 1 EL Olivenöl bestreichen, gut würzen und unter dem heißen Backofengrill 5–7 Minuten von jeder Seite garen. Das Fett entfernen und das Fleisch klein schneiden. Warm stellen.

- Die Linguine in reichlich Salzwasser al dente garen.

- Einen Topf auf dem Herd erhitzen und 1 EL Olivenöl hineingeben. Knoblauch und Chili darin in 1 Minute anbraten, der Knoblauch sollte eine goldgelbe Farbe haben. Den Wein zugießen und so lange köcheln, bis er zur Hälfte reduziert ist. Gut würzen.

- Die Pasta abgießen und wieder in den Topf geben. Mit Sauce und Lamm mischen. In tiefen Tellern anrichten und mit Minzeblättern bestreut servieren.

---

1 **Wok-Linguine mit gebratenem Lamm**

400 g Linguine al dente garen. 2 Lammkoteletts in dünne Streifen schneiden. 2 EL Olivenöl im Wok erhitzen und Lamm sowie 2 klein geschnittene Knoblauchzehen darin unter Rühren 5 Minuten braten. 75 g entsteinte schwarze Oliven nach 4 Minuten zugeben. Saft von 1 Zitrone und 1 Handvoll gehackte Minzeblätter unterrühren und mit Salz und Pfeffer würzen. Pasta abgießen und mit den Zutaten im Wok mischen. Sofort servieren.

3 **Linguine mit Lamm, Zucchini und Tomatensauce** Den Backofengrill auf mittlerer Stufe vorheizen. In einer Pfanne 1 EL Olivenöl erhitzen, 2 klein geschnittene Knoblauchzehen zugeben und 3 Minuten anbraten. 3 gehackte getrocknete sonnengereifte Tomaten in Öl und 4 gewürfelte frische Tomaten mit 1 Spritzer Weißwein und 100 ml Wasser zugeben. Die Sauce in 20 Minuten einköcheln lassen und mit Salz und Pfeffer würzen. 4 Lammkoteletts mit Knochen unter dem vorgeheizten Backofengrill von jeder Seite 5–7 Minuten grillen und klein schneiden. 2 in dicke Scheiben geschnittene Zucchini mit 1 EL Olivenöl beträufeln und unter dem heißen Backofengrill 5 Minuten backen, einmal wenden. In der Zwischenzeit 400 g Linguine al dente garen und abgießen. Lamm und Zucchini in die Tomatensauce rühren und erhitzen, dann mit den Linguine mischen. Mit Ziegenkäsestückchen bestreut servieren.

Süßkartoffel-Spinat-Penne mit Feta

Für 4 Personen

2 Süßkartoffeln, geschält und in
  mundgerechte Stücke geschnitten
1 Knoblauchknolle, in Zehen geteilt
4 EL Olivenöl
1 EL weißer Balsamico
400 g Penne
200 g junge Spinatblätter
Salz und frisch gemahlener Pfeffer
50 g Feta zum Bestreuen

- Den Backofen auf 180 °C vorheizen. Die Süßkartoffeln und den Knoblauch auf ein Backblech legen. 2 EL Olivenöl darüberträufeln und würzen. Im vorgeheizten Backofen in 15–20 Minuten backen. Dann sollten die Süßkartoffeln gar und leicht gebräunt sein.

- Den Knoblauch aus der Schale drücken und in einer kleinen Schüssel mit einer Gabel zu einer Paste zerdrücken. Den Balsamico und das übrige Olivenöl unterrühren. Würzen.

- Die Pasta in reichlich Salzwasser al dente garen. Den Spinat zum Schluss kurz mit in den Topf geben, dann abgießen und alles wieder in den Topf füllen.

- Die Knoblauchsauce mit Penne und Süßkartoffeln vermengen und auf flachen Tellern anrichten. Den Feta zerbröseln, darüberstreuen und servieren.

Süßkartoffel-Spinat-Penne mit Ricotta

400 g Penne al dente garen. Zu den Penne 7 Minuten vor Ende der Garzeit 2 geschälte und gewürfelte Süßkartoffeln geben und weich garen. Ganz kurz vor Ende der Garzeit 200 g junge Spinatblätter zufügen, abgießen und alles wieder in den Topf geben. Mit 100 g Ricotta und 25 g geriebenem Parmesan mischen, würzen und sofort servieren.

Penne mit Spinat und Süßkartoffelcreme

Den Backofen auf 180 °C vorheizen. 2 Süßkartoffeln halbieren und auf ein Backblech legen. Im vorgeheizten Backofen in 25–30 Minuten weich garen. Die Kartoffeln pellen, zerdrücken und in einer Schüssel mit 75 g Mascarpone verrühren. 400 g Penne al dente garen, zum Schluss 200 g junge Spinatblätter mit in den Topf geben. Abgießen, etwas Kochflüssigkeit auffangen und alles wieder in den Topf geben. Mit der Süßkartoffelcreme und etwas Garflüssigkeit mischen und würzen. Sofort servieren.

Lumaconi mit Pilzen und Hack in Weißweinsauce

Für 4 Personen

2 EL Olivenöl

1 Zwiebel, fein gehackt

1 Knoblauchzehe, fein gehackt

450 g Schweinehack

1 EL Tomatenmark

250 ml trockener Weißwein

150 ml Hühnerbrühe

150 g Mischpilze, geputzt und gewürfelt

75 g Sahne

400 g Lumaconi

25 g geriebener Parmesan zzgl. Parmesan zum Bestreuen

Salz und frisch gemahlener Pfeffer

1 EL gehackte glatte Petersilienblätter zum Garnieren

- In einer großen Pfanne 1 EL Olivenöl erhitzen und die Zwiebeln darin einige Minuten weich dünsten. Knoblauch und Hack hinzufügen und das Fleisch in 5–10 Minuten krümelig braten.

- Das Tomatenmark einrühren und 1 Minute weiterköcheln. Mit Wein ablöschen und die Flüssigkeit zur Hälfte reduzieren. Dann die Hühnerbrühe zugießen und das Ganze 10 Minuten köcheln lassen.

- In einer zweiten Pfanne das übrige Olivenöl erhitzen. Die Pilze zugeben und in 3 Minuten weich kochen und bräunen. Zum Hack geben, dann die Sahne einrühren.

- Die Pasta in reichlich Salzwasser al dente garen. Abgießen, etwas Garwasser auffangen, dann die Pasta wieder in den Topf geben. Mit Sauce und Parmesan mischen, ggf. etwas Garflüssigkeit untermengen. Gut würzen.

- Pasta in tiefen Tellern anrichten und mit Petersilienblättern und Parmesan bestreut servieren.

 Penne mit Pilzen und Parmaschinken

400 g Penne al dente kochen und abgießen. 150 g geputzte und gewürfelte Mischpilze in 1 EL erhitztem Olivenöl braten, 1 gehackte Knoblauchzehe zugeben. Mit der Pasta mischen und Saft und Schale von 1 unbehandelten Zitrone sowie 6 in Streifen geschnittene Scheiben Parmaschinken untermengen. Würzen und 1 Handvoll Rucola unterziehen. Sofort servieren.

 Lumaconi mit Schweinekotelett und Pilzen

Den Backofengrill auf mittlerer Stufe vorheizen. 4 dünne Schweinekoteletts unter dem vorgeheizten Grill von jeder Seite 7 Minuten backen. 5 Minuten vor Garende 150 g geputzte und gewürfelte Pilze mit in die Grillschale geben. Saft und Schale von 1 unbehandelten Zitrone, 1 TL Fenchelsamen, 1 entkernte, gehackte rote Chili und 5 EL Crème fraîche in einer Schüssel verrühren. 400 g Lumaconi al dente garen und abgießen. Das Fleisch in dünne Streifen schneiden und mit Pilzen und Pasta, Crème fraîche und 2 gewürfelten Tomaten mischen. Gut würzen und sofort servieren.

QuickPasta
Familienfavoriten

Rezepe nach Zubereitungszeit

3 🌓

2 🕐

30 Überbackene Tomaten-Penne

Für 4 Personen

2 EL Olivenöl zzgl. Olivenöl zum
Einfetten der Form
2 Knoblauchzehen, fein gehackt
1 Dose gehackte Tomaten (400 g)
1 Handvoll gehackte Oreganoblätter
zzgl. Oregano zum Garnieren
400 g Penne
250 g Mozzarella, gewürfelt
50 g geriebener Parmesan
Salz und frisch gemahlener Pfeffer

• In einer großen Pfanne das Öl erhitzen und den Knoblauch darin
30 Sekunden braten. Tomaten und Oregano einrühren und
10–12 Minuten köcheln, bis das Ganze eine sämige Konsistenz
hat. Gut würzen.

• Die Penne in reichlich Salzwasser al dente garen. Abgießen, etwas
Kochflüssigkeit auffangen, Penne wieder in den Topf geben. Penne
mit der Tomatensauce mischen, 2 EL von der Sauce jedoch beiseitestellen. Ggf. etwas vom Kochwasser unter die Penne rühren.

• Den Backofen auf 200 °C vorheizen. Die Hälfte der Pasta in eine
gefettete Auflaufform geben, mit jeweils der Hälfte des Mozzarellas
und des Parmesans bedecken. Dann die restlichen Nudeln darauf
verteilen. Die übrige Sauce daraufgeben und mit dem restlichen Käse
bestreuen.

• Im vorgeheizten Backofen 15 Minuten backen und sofort servieren.

1 **Tomaten-Mozzarella-
Penne** 400 g Penne al
dente garen. Mit 4 gehackten Tomaten, 3 EL Crème fraîche und 1 Handvoll gehackten Rucolablättern mischen. Mit Salz und Pfeffer würzen,
anrichten und mit 150 g Mozzarella
in Scheiben belegt und 40 g geriebenem Parmesan bestreut servieren.

2 **Penne mit Tomatensauce, Parmaschin-
ken und Gruyère** Den Backofengrill
auf mittlere Temperatur vorheizen.
400 g Penne al dente garen. In einem großen Topf 500 g Tomatensauce aus dem Glas und 200 g in
Rauten geschnittene Scheiben Parmaschinken erwärmen. Die Pasta

abgießen und in die Sauce rühren.
Mit Salz und Pfeffer würzen. Das
Ganze in eine Auflaufform geben
und mit 150 g geriebenem Gruyère
bestreuen. Unter dem vorgeheizten
Backofengrill 10 Minuten backen.

1 Spaghetti carbonara

Für 4 Personen

400 g Spaghetti

150 g Speck, in Scheiben geschnitten

3 Eigelb (Bio-Ei)

4 EL Sahne

25 g geriebener Parmesan zzgl. Parmesan zum Bestreuen

Salz und frisch gemahlener Pfeffer

- Den Backofengrill auf mittlerer Temperatur vorheizen. Die Spaghetti in reichlich Salzwasser al dente garen.

- Den Speck bei mittlerer Hitze unter dem vorgeheizten Backofengrill in 7 Minuten knusprig backen. 1 Minute abkühlen lassen, dann in kleine Stücke schneiden. Mit Eigelb, Sahne und Parmesan in eine Schüssel geben und verrühren.

- Die Pasta abgießen, etwas Kochflüssigkeit auffangen und die Spaghetti wieder in den Topf geben. Die Speckmischung zugeben und mit den Spaghetti vermengen, ggf. etwas Kochflüssigkeit unterrühren. Gut abschmecken.

- Auf flachen Tellern anrichten, mit Parmesan bestreut zu grünem Salat servieren.

 **Zucchini-Spaghetti-carbonara** Backofengrill auf mittlerer Stufe vor- heizen. In einer Pfanne 1 EL Olivenöl erhitzen, 2 Zucchini in Scheiben goldgelb braten. Je 2 grob gehackte Knoblauchzehen und Frühlingszwiebeln kurz mitbraten. 400 g Spaghetti al dente garen. 150 g Speckscheiben in 7 Minuten knusprig grillen, in Stücke schneiden. Mit 3 Eigelb, 4 EL Sahne und 25 g Parmesan sowie die Zucchinimischung unter die abgegossene Pasta rühren. Würzen und mit Parmesan bestreut servieren.

 **Spaghetti carbonara mit pochiertem Ei** Den Backofengrill auf mittlerer Stufe vorheizen. 1 Ei aufschlagen und in eine kleine Tasse gleiten lassen. Einen flachen Topf mit Wasser aufkochen, das Wasser kräftig umrühren, dann das Ei vorsichtig in die Mitte des Strudels geben. 3 Minuten garen, dann mit einem Schaumlöffel herausnehmen, vorsichtig trocken tupfen und warm halten. 4 Eier auf diese Art zubereiten. In der Zwischenzeit 400 g Spaghetti al dente garen. 150 g in Scheiben geschnitte- nen Speck unter dem vorgeheizten Backofengrill in 7 Minuten knusprig backen und in Stücke schneiden. Mit 3 Eigelben, 4 EL Sahne und 25 g geriebenem Parmesan verrühren und mit etwas Kochflüssigkeit unter die abgegossene Pasta mischen. Abschmecken und mit Parmesan bestreuen, mit den pochierten Eiern anrichten.

30 Klassische Minestrone

Für 4 Pesonen

2 EL Olivenöl

1 Zwiebel, gehackt

1 Karotte, geputzt und gewürfelt

1 Selleriestange, gewürfelt

1 TL Tomatenmark

2 Knoblauchzehen, fein gehackt

1 Dose geschälte Tomaten (400 g)

750 ml Hühner- oder Gemüsebrühe

Blätter von 2 Thymianzweigen

125 g Ditalini

1 Dose Cannellinibohnen (400 g),
  abgespült und abgetropft

½ Wirsing, klein geschnitten

Salz und frisch gemahlener Pfeffer

40 g geriebener Parmesan zum Bestreuen

- In einem großen Topf das Öl erhitzen, Zwiebeln, Karotte und Selle-rie zugeben und bei schwacher Hitze in 10 Minuten weich dünsten.

- Tomatenmark und Knoblauch einrühren, dann Tomaten, Brühe und Thymianblätter hinzufügen und 10 Minuten köcheln.

- Pasta und Bohnen in die Suppe geben und weitere 10 Minuten köcheln, bis die Pasta gar ist. 5 Minuten vor Garende den Wirsing zugeben und weich garen. Gut abschmecken.

- In Suppenschalen anrichten und mit Parmesan bestreut servieren.

1  Frühlingsminestrone

In einem großen Topf 1 EL Olivenöl erhitzen, 1 zerdrückte Knoblauchzehe 3 Minuten darin an-braten. 1 l kochende Gemüsebrühe zugießen, dann 125 g Ditalini einrüh-ren und 8 Minuten köcheln. 5 Minu-ten vor Garende 50 g geputzte grüne Bohnen und 1 große entkernte und gehackte Tomate, 3–4 Minuten vor Garende 50 g Dicke Bohnen und 50 g Erbsen aus dem Glas hinzufügen. Würzen und mit Parmesan bestreuen.

2 Cannellinibohnen-suppe mit Schinken

350 g Tomatensauce aus dem Glas und 1 l heiße Hühnerbrühe in einen großen Topf geben. 5 Minuten kö-cheln lassen. 200 g gewürfelten Kochschinken und 400 g abgespülte, abgetropfte Cannellinibohnen hinzu-fügen. Weitere 5 Minuten köcheln. 125 g Ditalini einrühren und weitere 10 Minuten köcheln. Gut würzen und mit 1 EL gehackten Basilikumblättern bestreut servieren.

Vier-Käse-Pasta mit Brunnenkressesalat

Für 4 Personen

400 g Messicani
200 g Mascarpone
75 g milder Gorgonzola, zerbröckelt
75 g geriebener Fontina
25 g geriebener Parmesan
Salz und frisch gemahlener Pfeffer

Für den Brunnenkressesalat
1 TL Weißweinessig
1 EL extra natives Olivenöl
75 g Brunnenkresse

- Die Pasta in reichlich Salzwasser al dente garen. Abgießen, dabei mindestens 50 ml Kochwasser auffangen, Pasta wieder in den Topf geben. Alle Käsesorten hinzufügen und so viel Kochwasser zugeben, bis eine cremige Sauce entsteht. Würzen.

- Für den Salat Essig und Olivenöl verrühren, mit der Brunnenkresse mischen und gut würzen.

- Pasta in tiefen Tellern anrichten und mit Brunnenkressesalat bedeckt servieren.

Vier-Käse-Tortellini mit Joghurt und Brunnenkresse 150 g Naturjoghurt in eine hitzefeste Schüssel geben und im heißen Wasserbad (der Boden der Schüssel darf das Wasser nicht berühren) 5 Minuten erhitzen. 500 g Vier-Käse-Tortellini garen, abgießen und wieder in den Topf geben. Mit dem Joghurt und 1 Handvoll gehackter Kresse vermengen, mit Salz und Pfeffer würzen und sofort servieren.

Speck-Käse-Penne mit Brunnenkresse Den Backofengrill auf mittlere Temperatur vorheizen. 400 g Penne al dente garen. In der Zwischenzeit 6 Scheiben Speck bei mittlerer Hitze unter dem vorgeheizten Backofengrill in 10 Minuten knusprig backen. 1 Minute abkühlen lassen, dann in Stücke teilen. Mit 200 g Mascarpone, 75 g zerbröckeltem mildem Gorgonzola, 75 g geriebenem Fontina, 25 g geriebenem Parmesan und 100 ml Milch unterrühren. Alles gut mit Salz und Pfeffer würzen. Pasta abgießen, etwas Kochflüssigkeit auffangen und wieder in den Topf geben. Mit der Speck-Käse-Sauce und ggf. Kochflüssigkeit mischen, 75 g gehackte Brunnenkresse unterziehen. In eine Auflaufform geben, mit frischen Semmelbröseln bestreuen und unter dem Backofengrill 15 Minuten backen. Sofort servieren.

Trofie-Salat mit Tomaten und Rucola

Für 4 Personen

400 g Tricolore Trofie
50 g Mayonnaise
50 g Frischkäse
25 g geriebener Parmesan
125 g sonnengereifte Tomaten in Öl,
    abgetropft
75 g Rucola
Salz und frisch gemahlener Pfeffer

- Die Pasta in reichlich Salzwasser al dente garen. Abgießen, kalt abschrecken und abtropfen lassen.

- Mayonnaise, Frischkäse und Parmesan in einer Servierschüssel verrühren. Würzen. Tomaten und Rucola mit der Pasta vermengen und mit der Mayonnaise als Beilage servieren.

Tomaten-Rucola-Orzo
400 g Orzo garen. In der Zwischenzeit 125 g abgetropfte sonnengereifte Tomaten in Öl und 50 g Frischkäse im Mixer zu einer Sauce verarbeiten. Mit der abgetropften Pasta mischen, ggf. etwas Kochflüssigkeit unterrühren und 75 g Rucola unterheben, mit Salz und Pfeffer würzen. Sofort servieren.

Warmer Pastasalat mit Aubergine, Tomaten und Rucola Den Backofen auf 180 °C vorheizen. 1 Aubergine würfeln und in eine Auflaufform legen. Mit reichlich Olivenöl beträufeln und mit Salz und 1 TL getrockneten Chiliflocken bestreuen. Im vorgeheizten Backofen 20–25 Minuten backen. Etwas abkühlen lassen. 400 g Orzo garen. Abgießen, etwas abkühlen lassen, dann in eine Servierschüssel geben. Mit 1 EL Balsamico, 125 sonnengereiften abgetropften Tomaten in Öl, der Aubergine und 2 EL extra nativem Olivenöl mischen. 75 g Rucola unterheben, gut würzen und servieren.

Erbsen-Fusilli mit Speck und Ricotta

Für 4 Personen

5 EL Olivenöl

2 Knoblauchzehen

175 g Erbsen aus der Dose

1 Handvoll gehackte Minzeblätter
    zzgl. gehackte Minzeblätter zum
    Garnieren

Saft von 1 Zitrone

400 g Fusilli

4 Scheiben durchwachsener Speck

25 g geriebener Parmesan zzgl.
    Parmesan zum Bestreuen

100 g Ricotta

Salz und frisch gemahlener Pfeffer

abgeriebene Schale von 1 unbehan-
    delten Zitrone zum Garnieren

- In einer kleinen Pfanne das Olivenöl erhitzen, den Knoblauch zugeben und bei schwacher Hitze in 5 Minuten goldgelb braten. Etwas
Knoblauchöl für die Pasta beiseitestellen.

- In einem kleinen Topf die Erbsen in etwas Wasser 2–3 Minuten
erwärmen. Abgießen, kalt abschrecken und abtropfen lassen. Die
Hälfte der Erbsen, das Knoblauchöl, Minzeblätter, Zitronensaft, Salz
und Pfeffer im Mixer zu einem Püree vermengen.

- Den Backofengrill auf mittlere Temperatur vorheizen. Die Fusilli
in reichlich Salzwasser al dente garen. Den Speck unter dem Backofengrill in 10 Minuten knusprig backen, einmal zwischendurch
wenden. Beiseitestellen.

- Die Pasta abgießen, etwas Kochflüssigkeit auffangen, Pasta wieder
in den Topf geben. Mit restlichem Knoblauchöl vermengen. Ggf. mit
etwas Kochflüssigkeit verdünnen. Erbsen und Parmesan unterrühren und alles in tiefen Tellern anrichten. Mit einigen Tupfern Erbsen-
püree und Ricotta sowie mit Speck, Minzeblättern, Parmesan und
Zitronenschale bestreut servieren.

 **Erbsen-Pesto-Fusilli
mit Speck und Ricotta**
Den Backofengrill auf mittlere Temperatur vorheizen. 400 g Fusilli al
dente garen, 175 g Erbsen aus der
Dose 2–3 Minuten vor Ende der Garzeit zugeben. 4 Scheiben durchwachsenen Speck unter dem Grill in
10 Minuten knusprig backen, einmal
wenden. Pasta und Erbsen abgießen
und mit 5 EL grünem Pesto aus dem
Glas verrühren. 125 g Mozzarella
klein schneiden und unterrühren,
würzen. Die Pasta mit Speck und
100 g zerbröckeltem Ricotta belegt
servieren.

 **Gebackene Pasta mit
Erbsen, Speck und
Ricotta** Den Backofen auf 200 °C
vorheizen. 400 g Capelli d'angelo al
dente garen, 2–3 Minuten vor Ende
der Garzeit 175 g Erbsen aus der
Dose zugeben. Abgießen, kalt abschrecken und abtropfen lassen.
250 g Ricotta, 5 verquirlte Eier,
3 gegrillte klein geschnittene Scheiben Speck, abgeriebene Schale
von 1 unbehandelten Zitrone und
1 Handvoll gehackte Basilikumblätter
in einer großen Schüssel verrühren
und mit Salz und Pfeffer würzen.
Pasta und Erbsen untermengen.

12 Vertiefungen einer Muffinform fetten und mit der Pastamischung füllen. Mit 25 g geriebenem Cheddar
bestreuen. Im vorgeheizten Backofen
15 Minuten backen.

Tomatensuppe mit Buchstabennudeln

Für 4 Personen

2 EL Olivenöl
1 Zwiebel, fein gehackt
1 Karotte, geputzt und fein gehackt
1 Selleriestange, fein gewürfelt
2 TL Tomatenmark
1 Dose gehackte Tomaten (400 g)
1 TL Zucker
250 ml Gemüsebrühe
1 Handvoll gehackte Basilikumblätter
100 g Buchstabennudeln
Salz

- In einem großen Topf das Olivenöl erhitzen, Gemüse zugeben und in 5 Minuten weich dünsten. Tomatenmark, Tomaten, Zucker und Gemüsebrühe zufügen und aufkochen. Bei mittlerer Hitze 12 Minuten köcheln.

- Die Basilikumblätter unterrühren, dann den Topf vom Herd ziehen. Das Ganze mit dem Stabmixer fein pürieren.

- In der Zwischenzeit die Pasta in reichlich Salzwasser 2 Minuten kürzer als al dente garen. Abgießen, in die Suppe geben und den Topf wieder auf den Herd stellen.

- Einige Minuten weiterköcheln, bis die Pasta gar ist. In Suppentellern servieren.

Tomaten-Rucola-Stelline In einem Topf 1 EL Olivenöl erhitzen, 1 gehackte Knoblauchzehe darin weich dünsten. 300 g Stelline, 150 ml heiße Gemüsebrühe und 4 gehackte Tomaten hinzufügen. Aufkochen, dann zugedeckt 5 Minuten köcheln, bis die Pasta gar ist und die Flüssigkeit aufgenommen hat. Mit 1 Handvoll gehacktem Rucola mischen, würzen und sofort servieren.

Frische Tomatensuppe mit Pasta 1 kg Tomaten kreuzweise einschneiden, in eine große Auflaufform geben und mit kochendem Wasser bedecken. 1–2 Minuten ziehen lassen, dann abgießen. Die Tomaten häuten und halbieren, die Stilansätze und Kerne entfernen und die Tomaten grob hacken. In einem großen Topf 2 EL Olivenöl erhitzen und darin 1 fein gehackte Zwiebel, 1 geputzte und fein gehackte Karotte und 1 fein gewürfelte Selleriestange in 5 Minuten weich dünsten. 2 TL Tomatenmark, 1 TL Zucker, 300 ml Gemüsebrühe und die gehackten Tomaten zugeben, mit Salz und Pfeffer würzen und aufkochen. Bei mittlerer Hitze 12 Minuten köcheln. 1 Handvoll gehackte Basilikumblätter unterrühren und alles mit dem Stabmixer fein pürieren. 100 g Buchstabennudeln 2 Minuten kürzer als al dente garen. Abgießen und in die Suppe geben. Noch einige Minuten weiterköcheln lassen, bis die Pasta gar ist und dann in tiefen Tellern servieren

30 Schinken-Zucchini-Lasagne

Für 4 Personen

500 g Tomatensauce aus dem Glas

6 Scheiben gekochter Schinken, in mundgerechte Stücke geschnitten

1 Handvoll gehackte Basilikumblätter

1 Zucchini, geraspelt

8 frische Lasagneblätter

150 g Crème fraîche

25 g geriebener Parmesan

Salz und frisch gemahlener Pfeffer

- Die Tomatensauce in einen Topf geben und erhitzen, dann Schinken, Basilikumblätter und Zucchini einrühren und würzen.

- Den Backofen auf 200 °C vorheizen. Die Crème fraîche mit 6 EL Wasser verrühren.

- In einer mittelgroßen Auflaufform ein Drittel der Tomatensauce verstreichen. Tupfer der Crème fraîche daraufsetzen, dann Lasagneblätter einschichten. Die übrigen Zutaten ebenso einschichten, mit Crème fraîche schließen und zum Schluss den Parmesan darüberstreuen.

- Im vorgeheizten Backofen 15 Minuten backen.

 Lasagne mit Parmaschinken und Zucchini

8 frische Lasagneblätter in reichlich Salzwasser 3–5 Minuten garen, abtropfen lassen und in Quadrate schneiden. 1 Handvoll gehackte Basilikumblätter und 1 geraspelte Zucchini in 500 ml Tomatensauce aus dem Glas erhitzen, 4 Scheiben klein geschnittenen Parmaschinken unterrühren. Abschmecken. Die Teigblätter abwechselnd mit Tomatensauce auf Teller schichten und einen Tupfer Crème fraîche daraufgeben.

 **Linguine mit Speck und Zucchini** Den Backofengrill auf mittlere Temperatur vorheizen. 400 g Linguine al dente garen. 2 Zucchini in dicke Scheiben schneiden. Unter dem Backofengrill mit 5 Scheiben Speck 5–10 Minuten grillen, einmal zwischendurch wenden. In einem kleinen Topf 50 g Sahne mit der abgeriebenen Schale von 1 unbehandelten Zitrone etwas einkochen lassen. Die Pasta abgießen und wieder in den Topf geben. Speck klein schneiden, dann mit Pasta und Sahne verrühren. Mit Salz und Pfeffer würzen. Die Zucchinischeiben und zum Schluss 1 Handvoll gehackten Rucola unterheben. Sofort servieren.

Hähnchen-Fettuccine Alfredo

Für 4 Personen

2 Hähnchenbrüste ohne Haut und
  Knochen
400 g Fettucine
25 g Butter
125 g Sahne
50 g geriebener Parmesan
Salz und frisch gemahlener Pfeffer
1 EL feine Schnittlauchröllchen zum
  Garnieren

• Die Hähnchenbrüste in einen kleinen Topf geben und mit Wasser bedecken. In 12–15 Minuten gar köcheln lassen.

• Die Fettuccine in reichlich Salzwasser al dente garen.

• In einem anderen Topf die Butter zerlassen, die Sahne einrühren, 1–2 Minuten köcheln lassen und würzen. Das Hähnchen in mundgerechte Stücke teilen.

• Die Pasta abgießen, dabei etwas Garflüssigkeit auffangen und die Pasta wieder in den Topf geben. Mit Hähnchen, Sahnesauce und Parmesan vermengen, ggf. etwas Garflüssigkeit zufügen. Mit Salz und Pfeffer würzen.

• In tiefen Tellern anrichten und mit Schnittlauch bestreut servieren.

Hähnchen-Spaghetti Alfredo 400 g Spaghetti al dente garen. Aus 25 g zerlassener Butter, 125 g Sahne, Salz und Pfeffer eine Sahnesauce zubereiten. Die Pasta abgießen, etwas Kochflüssigkeit auffangen. Spaghetti wieder in den Topf geben und mit 2 vorgegarten, klein geschnittenen Hähnchenbrüsten ohne Haut und Knochen, der Sauce und 25 g Parmesan vermengen. Sofort servieren.

Hähnchen-Fettuccine in Weißweinsauce 25 g Butter zerlassen und 1 klein geschnittene rote Zwiebel bei schwacher Hitze darin in 5 Minuten anbräunen. 75 ml trockenen Weißwein zugießen und das Ganze in 5–10 Minuten reduzieren. 125 g Sahne zugießen und weitere 1–2 Minuten köcheln lassen, würzen. 2 Hähnchenbrüste ohne Haut und Knochen in einem kleinen Topf mit Wasser bedeckt in 12–15 Minuten gar köcheln lassen. 400 g Fettuccine al dente garen. Pasta abgießen, Hähnchen zerteilen. Pasta, Hähnchen und Weißweinsauce mischen und sofort servieren.

30 Lasagnerollen mit Ricotta und Paprika

Für 4 Personen

8 Lasagneblätter
500 g Ricotta
75 g geriebener Parmesan
2 geröstete rote Paprika aus dem
    Glas, abgetropft und in Streifen
    geschnitten
350 g Tomatensauce aus dem Glas
150 g Kirschtomaten, halbiert
Olivenöl zum Einfetten der Form

- Lasagneblätter in Salzwasser 6 Minuten kochen, dann abgießen. Kalt abschrecken und abtropfen lassen.

- Den Backofen auf 200 °C vorheizen. Ricotta auf ein Lasagneblatt streichen und mit etwas Parmesan bestreuen. Mit einigen Paprikastreifen belegen, aufrollen. In etwa 2 cm lange Abschnitte teilen. Mit den übrigen Lasagneblättern ebenso verfahren.

- In eine große leicht gefettete Auflaufform die Tomatensauce füllen. Die Pastarollen nebeneinander aufrecht hineinstellen. Die Tomaten in die Lücken stecken, dann das Ganze mit dem restlichen Parmesan bestreuen.

- Im vorgeheizten Backofen 15 Minuten backen.

 Conchiglie mit Paprikasauce und Ricotta

400 g frische Conchiglie al dente garen. In der Zwischenzeit 2 abgetropfte geröstete rote Paprika aus dem Glas, 2 entkernte Tomaten, 1 zerdrückte Knoblauchzehe, 1 Handvoll Basilikum und 3 EL extra natives Olivenöl im Mixer vermengen und würzen. Pasta abgießen und in einer Servierschüssel mit der Paprikasauce mischen. 125 g Ricotta darauftupfen und servieren.

 **Lasagnerollen mit Ricotta und Zucchini**

8 Lasagneblätter in Salzwasser 6 Minuten kochen, abgießen, abschrecken und abtropfen lassen. Den Backofen auf 200 °C vorheizen. 500 g Ricotta auf die Lasagneblätter streichen, würzen und mit Parmesan bestreuen. Streifen von 2 Zucchini mit Olivenöl bestreichen und 2–3 Minuten grillen. Damit die Lasagneblätter belegen, diese aufrollen und in 2 cm lange Abschnitte teilen. 400 g

Tomatensauce aus dem Glas in eine gefettete Auflaufform füllen. Die Pastarollen nebeneinander hineinstellen. 150 g halbierte Kirschtomaten in die Lücken stecken, mit 75 g geriebenem Parmesan bestreuen. Im Backofen 15 Minuten backen.

Farfalle mit Hack-Mais-Bällchen und Paprikasauce

Für 4 Personen

300 g gemischtes Hackfleisch

2 Frühlingszwiebeln, fein gehackt

1 Eigelb

25 g frische Semmelbrösel

50 g Mais aus der Dose

4 EL Olivenöl zzgl. Olivenöl zum
Einfetten

400 g Farfalle

3 geröstete rote Paprika aus
dem Glas

1 Handvoll gehackte Basilikumblätter
zzgl. Basilikumblätter zum Garnieren

Salz und frisch gemahlener Pfeffer

- Den Backofen auf 200 °C vorheizen. Hackfleisch, Frühlingszwiebeln, Eigelb, Semmelbrösel und Mais in eine Schüssel geben, mit
Salz und Pfeffer würzen. Die Zutaten vermengen und mit leicht
angefeuchteten Händen walnussgroße Bällchen formen.

- Die Hackbällchen auf ein gefettetes Backblech legen und mit 1 EL
Olivenöl beträufeln. Im vorgeheizten Backofen 12–15 Minuten backen, einmal zwischendurch wenden.

- In der Zwischenzeit die Farfalle in reichlich Salzwasser al dente
garen.

- Rote Paprika, 2 EL Olivenöl und Basilikumblätter im Mixer zu einer
stückigen Sauce verarbeiten. Pasta abgießen, etwas Kochflüssigkeit
aufbewahren. Die Farfalle wieder in den Topf geben. 1 EL Olivenöl
und die Paprikasauce unterrühren, ggf. etwas Kochflüssigkeit hinzugeben. In tiefen Tellern anrichten und Fleischbällchen darauf verteilen. Mit Basilikum bestreut servieren.

**Pastasalat mit Hähn-
chen, Mais und roter
Paprika** 300 g Orzo garen, 1 Minute
vor Garende 100 g Mais aus der
Dose zugeben. Abgießen, kalt abschrecken und abtropfen lassen.
Orzo und Mais in eine Servierschüssel geben und mit 1 gegarten und
zerkleinerten Hähnchenbrust, 1 EL
Mayonnaise, 1 entkernten und gewürfelten roten Paprika und 1 Handvoll gehackten Basilikumblättern mischen. Mit Salz und Pfeffer
abschmecken und servieren.

**Hähnchen-Mais-Far-
falle mit Paprikasauce**
In einer Pfanne 4 EL Olivenöl erhitzen und 2 klein geschnittene Knoblauchzehen 30 Sekunden darin anbraten. 4 entstielte, entkernte und
gewürfelte rote Paprika zugeben und
bei schwacher Hitze in 15 Minuten
weich dünsten. 200 g Passata (fein
passierte Tomaten) zugießen und
weitere 10 Minuten köcheln lassen,
würzen. In der Zwischenzeit in einer
Pfanne 2 gewürzte Hähnchenbrüste
ohne Knochen und Haut in 1 EL Oli-

venöl in 7 Minuten von jeder Seite
braten. Aus der Pfanne nehmen.
50 g Mais aus der Dose 1–2 Minuten in der Pfanne anbräunen. Das
Fleisch in Scheiben schneiden.
400 g Farfalle al dente garen und
abgießen. Pasta mit Hähnchen und
Sauce mischen und mit Mais und mit
1 Handvoll gehackten Basilikumblättern bestreut servieren.

30 Meeresfrüchte-Spaghetti in Sahnesauce

Für 4 Personen

1 EL Butter

1 Schalotte, fein gehackt

100 ml trockener Wermut

200 ml heiße Fischbrühe

300 g Lachsfilet

75 g geschälte und gegarte kleine
   Garnelen

12 Jakobsmuscheln ohne Rogensack

150 g Sahne

1 Handvoll Schnittlauchröllchen zzgl.
   Schnittlauch zum Garnieren

400 g Spaghetti

Salz und frisch gemahlener Pfeffer

- In einem Topf die Butter zerlassen und die Schalotte in 3 Minuten darin weich dünsten. Mit Wermut ablöschen und in 5 Minuten um die Hälfte einkochen lassen. Die Brühe zugießen, dann den Lachs in den Topf legen (er muss vollständig mit Flüssigkeit bedeckt sein) und darin 5–10 Minuten sanft gar ziehen lassen. Herausnehmen, die Haut entfernen und den Lachs in mundgerechte Stücke teilen. Beiseitestellen.

- Die Garnelen in den Topf legen, dann die Muscheln zugeben und beides garen. Herausnehmen und ebenfalls beiseitestellen.

- Die Sahne in den Topf gießen und einige Zeit köcheln, bis die Flüssigkeit zu einer Sauce reduziert ist. Würzen. Fisch und Meeresfrüchte vorsichtig untermischen und erhitzen. Den Schnittlauch zugeben und alles warm halten.

- Die Spaghetti in reichlich Salzwasser al dente garen. Abgießen, mit der Meeresfrüchtesauce mischen und würzen. Mit Schnittlauch bestreut servieren.

 Meeresfrüchte-Spaghetti mit Erbsen und Dill 400 g Spaghetti al dente garen. 200 g geschälte rohe große Garnelen 3 Minuten, 100 g Erbsen aus der Dose 2 Minuten vor Ende der Garzeit zugeben. Die Garnelen sollten rosafarben sein. Abgießen und die Zutaten wieder in den Topf geben. 100 g Crème fraîche und 1 Handvoll gehackten Dill unterrühren, mit Salz und Pfeffer würzen und servieren.

 **Meeresfrüchte-Spaghetti mit Parmaschinken** 400 g Spaghetti al dente garen. In der Zwischenzeit in einer großen Pfanne 20 g Butter zerlassen, 4 in Scheiben geschnittene Frühlingszwiebeln einige Minuten darin weich dünsten. 8 große Muscheln ohne Rogensack und 1 gute Handvoll geschälte rohe Garnelen zugeben, würzen und bei mittlerer Hitze 2 Minuten rundum braten. Dann soll-

ten die Garnelen rosafarben und die Muscheln goldgelb sein. Aus der Pfanne nehmen. 100 ml trockenen Weißwein zugeben und etwas reduzieren, dann 100 g Sahne zufügen und die Meeresfrüchte unterrühren. In einer zweiten Pfanne 1 TL Olivenöl erhitzen und 4 Scheiben Parmaschinken darin in 1–2 Minuten anbräunen. Pasta abgießen und mit der Sauce mischen. Parmaschinken darauf verteilen und sofort servieren.

Mozzarellahähnchen mit Tomaten-Fusilli-lunghi

Für 4 Personen

100 g frische weiße Semmelbrösel

25 g geriebener Parmesan

4 EL Olivenöl zzgl. Olivenöl zum Einfetten der Grillpfanne

4 kleine Hähnchenbrüste ohne Haut und Knochen

75 g Mozzarella, in 4 Scheiben geschnitten

300 g Fusilli lunghi

250 g Tomatensauce aus dem Glas

Salz und frisch gemahlener Pfeffer

- Den Backofengrill auf hohe Temperatur vorheizen. Auf einem großen Teller Semmelbrösel und Parmesan mit Salz und Pfeffer mischen. Jede Hähnchenbrust mit 2 TL Öl einreiben und die Brüste etwas flach drücken. Dann in der Semmelbrösel-Parmesan-Mischung wälzen und die Panade andrücken. In eine leicht geölte Grillpfanne legen.

- Mit 1 EL Öl beträufeln und unter dem heißen Backofengrill 10 Minuten backen, einmal wenden. Auf jede Hähnchenbrust eine Scheibe Mozzarella legen und weitere 2 Minuten unter den Grill stellen, bis der Käse geschmolzen ist.

- In der Zwischenzeit Fusilli in reichlich Salzwasser al dente garen. In einem kleinen Topf die Tomatensauce erhitzen. Die Pasta abgießen und mit der Sauce mischen. Jede Hähnchenbrust einmal durchschneiden. Pasta in tiefen Tellern anrichten und jeweils das gegrillte Hähnchen darauflegen. Mit grünem Salat servieren.

 Spaghetti mit Hähnchen-Tomaten-Ragù und Mozzarella In einer großen Pfanne 1 EL Olivenöl erhitzen, 300 g Hähnchenstreifen zugeben und darin unter Rühren 7 Minuten braten. 250 g Tomatensauce aus dem Glas hinzufügen und 1–2 Minuten köcheln lassen. 300 g Spaghetti al dente garen, abgießen und wieder in den Topf füllen. 75 g Mozzarella klein schneiden und mit der Sauce unter die Pasta rühren. Mit Salz und Pfeffer würzen und sofort servieren.

 **Tomaten-Hähnchen-Fusilli al forno** Den Backofen auf 200 °C vorheizen. 300 g Fusilli al dente garen, abgießen und wieder in den Topf geben. Mit 250 g Tomatensauce aus dem Glas und 2 gebratenen, in Würfel geschnittenen Hähnchenbrüsten ohne Haut und Knochen mischen und abschmecken. Alles in eine Auflaufform geben. 150 g Crème fraîche mit reichlich Milch zu einer Sauce verrühren und über die Pasta gießen. Mit 125 g geriebenem Mozzarella bestreuen und im vorgeheizten Backofen in 15 Minuten goldgelb backen.

Würzige Salsiccia-Chifferi

Für 4 Personen

6 Salsicce (pikante italienische
Würste)
2 EL Olivenöl
1 Zwiebel, dünn geschnitten
2 TL grobkörniger Senf
150 ml heiße Gemüse- oder Hühnerbrühe
75 g Crème fraîche
Saft und abgeriebene Schale von
½ unbehandelten Zitrone
400 g Chifferi
Salz
1 EL gehackte glatte Petersilienblätter
zum Garnieren

- Den Backofengrill auf hohe Temperatur vorheizen. Die Würste mit 1 EL Olivenöl bestreichen und unter dem heißen Backofengrill in 15 Minuten knusprig-braun grillen. Ein wenig abkühlen lassen, dann in Stücke schneiden.

- In der Zwischenzeit in einem Topf das restliche Olivenöl erhitzen und die Zwiebeln darin in 5 Minuten weich dünsten. Senf und Brühe einrühren und 5 Minuten köcheln lassen, dann Crème fraîche und Zitronensaft und nahezu die gesamte Zitronenschale zugeben.

- In der Zwischenzeit die Pasta in reichlich Salzwasser al dente garen, abgießen, etwas Kochflüssigkeit auffangen und die Nudeln wieder in den Topf geben. Mit Wurst und Sauce verrühren, ggf. etwas von der Kochflüssigkeit zugeben.

- In tiefen Tellern anrichten und mit Petersilienblättern und restlicher Zitronenschale bestreut servieren.

Senf-Pancetta-Pasta
400 g Chifferi al dente garen. In einer Pfanne 1 EL Olivenöl erhitzen und 150 g Pancettawürfel und 2 klein geschnittene Knoblauchzehen darin 5 Minuten braten. 2 TL grobkörnigen Senf und 75 g Crème fraîche unterrühren. Mit abgetropfter Pasta vermengen und abschmecken. Mit 1 EL gehackten glatten Petersilienblättern bestreut servieren.

Pasta in Salsiccia-Senf-Sauce Den Backofengrill auf hohe Temperatur vorheizen. In einer Pfanne 1 EL Olivenöl erhitzen und 1 in Scheiben geschnittene rote Zwiebel bei schwacher Hitze darin in 7–10 Minuten goldgelb dünsten. 6 Salsicce (pikante italienische Würste) unter dem Backofengrill in 15 Minuten grillen und in Stücke schneiden. Zu den Zwiebeln geben und 1 gehackte Knoblauchzehe, 1 Spritzer trockenen Weißwein, 1 gehacktes Salbeiblatt und 2 TL grobkörnigen Senf hinzufügen, würzen. 5 Minuten köcheln, dann 2 EL Crème fraîche unterrühren. Währenddessen 400 g Chifferi al dente kochen, abgießen, unter die Sauce rühren und sofort servieren.

 # Garganelli-Tomaten-Eintopf

Für 4 Personen

4 EL Olivenöl
400 g Garganelli
Blätter von 1 Thymianzweig, gehackt
4 EL Tomatenmark
2 TL Rotweinessig
2,5 l heiße Hühnerbrühe
1 Prise feiner Zucker
125 g Kirschtomaten, halbiert
Salz und frisch gemahlener Pfeffer
1 EL gehackte Basilikumblätter zum
 Garnieren
40 g Parmesanhobel zum Garnieren

- In einer großen, tiefen Kasserolle das Olivenöl erhitzen, die Pasta zugeben und einige Minuten unter Rühren anbraten, bis die Pasta mit dem Öl überzogen ist. Thymian, Tomatenmark und Rotweinessig zufügen und unterrühren.

- Eine Schöpfkelle Brühe zugießen und den Zucker hinzufügen. Das Ganze sanft köcheln lassen und die Brühe schöpflöffelweise unter gelegentlichem Umrühren zugeben.

- Nach 10 Minuten die Tomaten zugeben. Weitere 5–10 Minuten köcheln, bis die Flüssigkeit vollständig absorbiert wurde und die Pasta gar ist. Mit Salz und Pfeffer würzen und mit Basilikumblättern und Parmesan bestreut servieren.

 Penne mit Tomaten-Basilikum-Pesto

400 g Penne al dente garen. 50 g abgetropfte sonnengetrocknete Tomaten in Öl, 2 zerdrückte Knoblauchzehen, 25 g geröstete Pinienkerne, 1 TL Balsamico, 3 EL extra natives Olivenöl und 1 Handvoll Basilikumblätter im Mixer oder in der Küchenmaschine zu einem Pesto verarbeiten. Pasta abgießen, etwas Kochwasser auffangen, Pasta wieder in den Topf geben und mit dem Pesto und ggf. etwas Kochflüssigkeit vermengen. Würzen und servieren.

 Garganelli mit Schmortomaten

250 g Eiertomaten halbieren und entkernen, mit 125 ml Olivenöl und 3 Knoblauchzehen in eine Bratpfanne geben und bei schwacher Hitze 20–25 Minuten sanft köcheln lassen. Mit Salz und frisch gemahlenem Pfeffer würzen. 400 g Garganelli in einer Kasserolle in 4 EL erhitztem Olivenöl unter Rühren anbraten, bis die Pasta mit dem Öl überzogen ist. Gehackte Blätter von 1 Thymianzweig, 4 EL Tomatenmark und 2 TL Rotweinessig unterrühren. Mit Salz

und Pfeffer sowie 1 Prise Zucker würzen und 2,5 l heiße Hühnerbrühe schöpfkellenweise unter Rühren und Köcheln zufügen. Mit den Tomaten und 1 Handvoll gehackten Basilikumblättern sowie 1 Handvoll geriebenem Parmesan vermengen und sofort servieren.

20 Spaghetti bolognese mit Knoblauchwurst

Für 4 Personen

1 EL Olivenöl
6 Knoblauchwürste
1 Zwiebel, fein gehackt
150 g Champignons, geputzt und geviertelt
1 TL Tomatenmark
1 Dose gehackte Tomaten (400 g)
1 Handvoll fein gehackte Basilikumblätter
400 g Spaghetti
Salz und frisch gemahlener Pfeffer
40 g geriebener Parmesan zum Bestreuen

- Eine große Pfanne erhitzen, dann das Olivenöl hineingeben. Die Würste häuten und das Brät in die Pfanne bröckeln. Einige Minuten braten, das Brät dabei mit dem Löffelrücken zerkleinern. Beginnt das Brät, Farbe anzunehmen, die Zwiebeln zugeben und weitere 5 Minuten braten. Die Pilze einrühren und braten, bis diese weich werden.

- Tomatenmark, Tomaten, Basilikumblätter und 125 ml Wasser in die Pfanne geben. Aufkochen, bei schwacher Hitze 10 Minuten köcheln lassen und abschmecken.

- In der Zwischenzeit die Spaghetti in reichlich Salzwasser al dente garen, dann abgießen. Spaghetti in tiefen Tellern anrichten und Tomaten-Knoblauchwurst-Sauce daraufgeben. Mit Parmesan bestreut servieren.

---

10 **Spaghetti bolognese mit Speck** 400 g Spaghetti al dente kochen und abgießen. In einer Pfanne 1 EL Olivenöl erhitzen und 3 feine Scheiben Speck darin 1–2 Minuten braten. 400 g Sauce bolognese aus dem Glas, 250 g gegarte Puy-Linsen aus der Dose zugeben. 5 Minuten köcheln lassen, dann abschmecken. Mit der abgegossenen Pasta vermengen und sofort servieren.

30 **Spaghetti bolognese mit Wurstbällchen** 6 Knoblauchwürste häuten und das Brät in eine Schüssel geben. Mit leicht angefeuchteten Händen kleine Bällchen formen. In 1 EL erhitztem Olivenöl anbraten und, wenn sie bräunen, 1 fein gehackte Zwiebel zugeben. 75 ml trockenen Weißwein unterrühren und so lange köcheln, bis dieser nahezu verkocht ist. 1 TL Tomatenmark einrühren und 1 Dose gehackte Tomaten (400 g) sowie 125 ml Wasser zugeben. Aufkochen und bei schwacher Hitze 10 Minuten köcheln lassen und abschmecken. In der Zwischenzeit 400 g Spaghetti al dente garen, dann abgießen. Spaghetti in tiefen Tellern anrichten und die Tomaten-Wurstbolognese daraufgeben. Mit 40 g geriebenem Parmesan bestreut servieren.

30 Käse-Makkaroni aus der Pfanne

Für 4 Personen

400 g Makkaroni
50 g Butter
50 g Mehl
600 ml Milch
100 g geriebener Cheddar
Salz und frisch gemahlener Pfeffer
25 g Semmelbrösel zum Bestreuen
40 g geriebener Parmesan zum
  Bestreuen

- Die Makkaroni in reichlich Salzwasser al dente garen.

- In der Zwischenzeit in einer großen, backofenfesten Pfanne die Butter zerlassen, das Mehl einrühren und eine Mehlschwitze herstellen. Nach und nach die Milch unterrühren. Bei mittlerer Hitze aufkochen, dann in 3 Minuten eindicken lassen. Den Topf vom Herd ziehen, den Cheddar unterrühren und mit Salz und frisch gemahlenem Pfeffer abschmecken.

- Den Backofen auf 190 °C vorheizen. Makkaroni abgießen, dann in die Pfanne geben. Gut mit der Käsesauce mischen. Semmelbrösel und Parmesan darüberstreuen.

- Im vorgeheizten Backofen in 15 Minuten goldbraun backen.

1 Chifferi mit Knoblauch-Käse-Sauce

400 g Chifferi al dente garen. In der Zwischenzeit 1 Knoblauchzehe und 100 g Sahne in einem Topf 5 Minuten köcheln. Knoblauch herausnehmen und 50 g geriebenen Parmesan in die Sahne rühren. Mit Salz und Pfeffer würzen. Die Pasta abgießen, wieder in den Topf füllen und mit der Sauce gut mischen. Sofort servieren.

2 Cremige Backofen-Makkaroni

Den Backofengrill auf mittlerer Stufe vorheizen. In einem Topf 40 g Butter zerlassen, 1 fein gehackte Schalotte zugeben und darin weich dünsten. 75 ml trockenen Weißwein zugießen und in 5–10 Minuten reduzieren. 150 g Crème fraîche und so viel Milch unterrühren, bis eine Sauce entsteht. Mit Salz und Pfeffer abschmecken. 400 g Makkaroni al dente garen und abgießen. In eine hitzefeste Form geben und mit der Sauce mischen. Mit 50 g geriebenem Gruyère bestreuen und unter dem Backofengrill 7 Minuten backen.

Tagliatelle mit Pesto und Schmortomaten

Für 4 Personen

250 g Kirschtomaten

1 EL Olivenöl

400 g Tagliatelle

5 EL grünes Pesto aus dem Glas

3 EL Mascarpone

Salz und frisch gemahlener Pfeffer

2 EL geröstete Pinienkerne zum
  Bestreuen

- Den Backofengrill auf mittlerer Stufe vorheizen. Die Kirschtomaten auf ein Backblech legen, mit Öl beträufeln und würzen. Unter vorgeheiztem Grill 5 Minuten backen, bis sie leicht gebräunt sind.

- In der Zwischenzeit die Tagliatelle in reichlich Salzwasser al dente garen. Abgießen, etwas Kochflüssigkeit auffangen und die Pasta wieder in den Topf geben. Mit Pesto und Mascarpone mischen, ggf. etwas Kochflüssigkeit hinzufügen.

- Die Tomaten vorsichtig unterrühren und abschmecken. In tiefen Tellern anrichten und mit Pinienkernen bestreut servieren.

 Tomaten-Tagliatelle mit Pestohähnchen

Den Backofen auf 220 °C vorheizen. 4 EL grünes Pesto aus dem Glas und 2 EL Mascarpone in einer Schüssel verrühren, diese Paste unter die Haut von 4 Hähnchenbrüsten ohne Knochen streichen. Diese in eine Bratform legen und mit 1 EL Olivenöl beträufeln. Im vorgeheizten Backofen 15 Minuten garen. 1 Handvoll Kirschtomaten mit in die Form legen und weitere 5 Minuten backen, bis die Tomaten weich werden. In der Zwischenzeit 400 g Tagliatelle al dente garen, dann mit den Tomaten und 3 EL Mascarpone mischen. Abschmecken und mit dem Hähnchen servieren.

 **Cannellinibohnen-Tagliatelle mit scharfem Tomatenpesto** In einer Pfanne 1 EL Olivenöl erhitzen, 1 klein geschnittene Zwiebel zugeben und bei schwacher Hitze 10 Minuten dünsten. 400 g abgespülte und abgetropfte Cannellinibohnen zugeben. 100 ml heiße Hühnerbrühe zugießen und alles 15 Minuten köcheln, bis die Flüssigkeit absorbiert wurde. In der Zwischenzeit 25 g Kürbiskerne, 1 Jalapeño-Chili, 2 abgetropfte sonnengetrocknete Tomaten in Öl, 1 Handvoll Korianderblätter und 1 Spritzer Zitronensaft in der Küchenmaschine zu einem feinen Pesto verarbeiten. 400 g Tagliatelle al dente kochen und abgießen. Mit den Bohnen und 3 EL Sauerrahm mischen, würzen und mit dem Pesto servieren.

Spirali-Brokkoli-Auflauf

Für 4 Personen

400 g Spirali

125 g Brokkoli, in Röschen zerteilt

450 ml heiße Hühner- oder Gemüsebrühe

1 TL Senf

200 g Crème fraîche

150 g Kochschinken, in mundgerechte Stücke geschnitten

125 g geriebener Cheddar

Salz und frisch gemahlener Pfeffer

- Den Backofen auf 200 °C vorheizen. Die Pasta in reichlich Salzwasser al dente garen. 5 Minuten vor Ende der Garzeit den Brokkoli zur Pasta geben. Abgießen und beides wieder in den Topf geben.

- In der Zwischenzeit in einem großen Rührbecher Brühe, Senf und Crème fraîche verquirlen, dann mit Pasta, Brokkoli, Schinken und der Hälfte des Cheddars mischen und würzen. In eine Auflaufform füllen und mit dem restlichen Käse bestreuen.

- Im vorgeheizten Backofen in 15 Minuten goldgelb backen.

---

1 **Brokkoli-Schinken-Ca-
vatappi** 500 g Cava-
tappi al dente garen. 125 g Brokkoli, in Röschen zerteilt, 5 Minuten vor Ende der Garzeit zugeben. In einer Pfanne 1 EL Olivenöl erhitzen, 1 Knoblauchzehe 30 Sekunden darin braten. 150 ml Passata (fein passierte Tomaten) zugeben und 5 Minuten köcheln lassen. Pasta und Brokkoli abgießen und wieder in den Topf geben. 150 g in mundgerechte Stücke geschnittenen Kochschinken in die Sauce rühren, würzen. Alles zur Pasta geben und mit geriebenem Parmesan bestreut servieren.

2 **Spirali-Gratin mit
Schinken und Spinat**
Den Backofengrill auf mittlerer Stufe vorheizen. 400 g Spirali al dente garen und 125 g Brokkoli, in Röschen zerteilt, 5 Minuten vor Ende der Garzeit zugeben, kurz vor dem Abgießen 250 g junge Spinatblätter zugeben. Pasta und Gemüse abgießen und wieder in den Topf geben. Mit 200 ml Hühner- oder Gemüsebrühe mischen und 150 g in mundgerechte Stücke geschnittenen Kochschinken und 200 g Crème fraîche unterrühren. Mit Salz und Pfeffer würzen. In eine Auflaufform füllen und mit 125 g Mozza-

rella in Scheiben belegen. Unter dem Backofengrill in 5–10 Minuten goldgelb grillen.

 Conchiglie mit Lachs und Porree

Für 4 Personen

2 Lachsfilets (je 150 g)

2 EL Butter

2 Porreestangen, geputzt, in feine
  Scheiben geschnitten

Saft und abgeriebene Schale von
  1 unbehandelten Zitrone

400 g Conchiglie

50 g Schmand

Salz und frisch gemahlener Pfeffer

- Lachsfilets in eine Pfanne legen und mit Wasser bedecken. Aufkochen, dann bei schwacher Hitze 10 Minuten köcheln bzw. so lange, bis der Fisch gar ist. Haut und Gräten entfernen und den Fisch mit einer Gabel in kleine Stücke zupfen. Beiseitestellen.

- In der Zwischenzeit in einem kleinen Topf Butter zerlassen, Porree zugeben und bei schwacher Hitze in 10 Minuten weich dünsten. Zitronensaft und gut zwei Drittel der Zitronenschale unterrühren.

- Die Pasta in reichlich Salzwasser al dente garen. Abgießen, etwas Kochflüssigkeit auffangen und die Pasta wieder in den Topf geben. Mit Lachs und Porree mischen und mit Salz und frisch gemahlenem Pfeffer würzen, dann den Schmand und ggf. etwas Kochflüssigkeit unterrühren. Sofort mit schwarzem Pfeffer und restlicher Zitronenschale bestreut servieren.

 Porree-Räucherlachs-Conchiglie 500 g frische Conchiglie al dente garen. 2 geputzte und in feine Scheiben geschnittene Porreestangen 3 Minuten vor Ende der Garzeit zur Pasta geben. Abgießen und alles wieder in den Topf geben. 150 g klein geschnittenen Räucherlachs, 50 g Schmand und die abgeriebene Schale von 1 unbehandelten Zitrone untermengen, abschmecken und sofort servieren.

Gebackene Pasta mit Räucherschellfisch, Lachs und Porree Den Backofen auf 200 ˚C vorheizen. 1 geräuchertes Schellfischfilet und 1 Lachsfilet in 200 ml Milch 10 Minuten pochieren. Die Pochierflüssigkeit danach beiseitestellen. Haut und Gräten der Fische entfernen, das Fleisch in kleine Stücke teilen. 400 g frische Conchiglie al dente garen. 2 geputzte und in feine Scheiben geschnittene Porreestangen in 40 g zerlassener Butter bei schwacher Hitze in 10 Minuten weich dünsten. Saft von 1 unbehandelten Zitrone und gut zwei Drittel der abgeriebenen Zitronenschale unterrühren, würzen. Kurz vor dem Abgießen 200 g junge Spinatblätter zur Pasta geben. Abgießen, alles wieder in den Topf geben. Fisch, Pochierflüssigkeit, Porree und 50 g Crème fraîche unterheben und das Ganze in eine Auflaufform füllen. Mit 25 g frischen Semmelbröseln bestreuen und einige Butterflöckchen daraufsetzen. Im vorgeheizten Backofen in 15 Minuten goldgelb backen.

30 Gebackene Fusilli mit Thunfisch und Mais

Für 4 Personen

40 g Butter
40 g Mehl
600 ml Milch
400 g Fusilli
2 Dosen Thunfisch naturell (je 185 g),
    abgetropft
200 g Mais aus der Dose, abgetropft
75 g geriebener Cheddar
25 g Semmelbrösel
Salz und frisch gemahlener Pfeffer

- In einem Topf die Butter zerlassen, das Mehl einrühren und eine hellgelbe Mehlschwitze zubereiten. Nach und nach die Milch einrühren, aufkochen und dabei ständig rühren. Bei schwacher Hitze in 10 Minuten eindicken lassen, dabei regelmäßig umrühren, bis eine weiße Sauce entsteht. Würzen.

- Die Fusilli in reichlich Salzwasser al dente garen. Abgießen und Fusilli wieder in den Topf geben. Weiße Sauce, Thunfisch, Mais und Cheddar – etwas für den Belag zur Seite stellen – untermischen.

- Den Backofen auf 200 °C vorheizen. Das Ganze in eine mittelgroße Auflaufform füllen und mit Semmelbröseln und restlichem Cheddar bestreuen. Im vorgeheizten Backofen in 15 Minuten goldgelb backen.

---

1 **Pastasalat mit Thunfisch und Mais** 400 g Fusilli al dente garen, abgießen, kalt abschrecken und abtropfen lassen. In eine Servierschüssel geben und mit 6 EL Mayonnaise, 185 g abgetropftem Thunfisch naturell und 125 g Mais aus der Dose mischen. Mit Salz und Pfeffer würzen und servieren.

2 **Sahne-Fusilli mit Mais und Speck** In einer Pfanne 1 EL Olivenöl erhitzen, 1 fein gehackte Zwiebel darin knapp weich garen. 4 Scheiben Speck fein würfeln, zugeben und 5–7 Minuten braten. 100 ml Gemüsebrühe zugießen und weitere 5 Minuten köcheln, bis die Flüssigkeit etwas reduziert ist. 200 g Mais aus der Dose und 50 g Sahne zugeben und 5 Minuten weiterköcheln. 400 g Fusilli al dente garen und abgießen. Mit der Sauce und 25 g geriebenem Cheddar vermengen, würzen und sofort servieren.

20 Linguine fiorentina mit Schinken

Für 4 Personen

1 EL Olivenöl
1 Zwiebel, fein gehackt
2 Knoblauchzehen, fein gehackt
200 g Spinatblätter, fein gehackt
75 g fettarme Crème fraîche
1 Handvoll geriebener Parmesan zzgl.
  Parmesan zum Bestreuen
400 g Linguine
100 g geräucherter Schinken, in
  Streifen geschnitten
Salz und frisch gemahlener Pfeffer

• In einer Pfanne das Olivenöl erhitzen, Zwiebeln und Knoblauch darin in 5 Minuten weich braten.

• Den Spinat in ein Sieb legen und in die Spüle stellen. So lange mit kochendem Wasser übergießen, bis die Blätter zusammenfallen. Den Spinat gut ausdrücken. Mit Zwiebeln und Knoblauch, Crème fraîche und Parmesan in eine Küchenmaschine geben und zu einer sämigen Paste verarbeiten. Beiseitestellen.

• Die Linguine in reichlich Salzwasser al dente garen. Abgießen, dabei etwas Kochflüssigkeit auffangen und die Linguine wieder in den Topf geben. Mit der Spinatmischung vermengen, ggf. etwas Kochflüssigzeit zufügen.

• Den Schinken unterrühren und abschmecken. In tiefen Tellern anrichten und mit Parmesan bestreut servieren.

---

10 Linguine mit Pilzen, Spinat und Schinken

In einer Pfanne 1 EL Olivenöl erhitzen, 1 klein geschnittene Knoblauchzehe und 150 g geputzte und ggf. halbierte Wildpilze in 3 Minuten darin weich dünsten. 400 g Linguine al dente zubereiten, kurz vor dem Abgießen 200 g junge Spinatblätter zugeben. Linguine und Spinat wieder in den Topf füllen. Pilze, 100 g klein geschnittenen Kochschinken und 3 EL Crème fraîche unterrühren, würzen und mit Parmesanhobeln bestreut servieren.

30 Linguine fiorentina mit Schinken und Ei

Den Backofen auf 180 °C vorheizen. 1 Zwiebel und 2 Knoblauchzehen fein hacken und in 1 EL Olivenöl in 5 Minuten weich braten. 200 g fein gehackte Spinatblätter in einem Sieb mit kochendem Wasser übergießen, bis sie zusammenfallen, ausdrücken. Zwiebeln, Knoblauch, Spinat, 75 g fettarme Crème fraîche und 1 Handvoll geriebenen Parmesan in der Küchenmaschine zu einer Paste verarbeiten. 400 g Linguine in reichlich Salzwasser al dente garen. Abgießen, etwas Kochflüssigkeit auffangen. Wieder in den Topf geben und mit der Spinatmischung vermengen, ggf. etwas Kochflüssigkeit hinzugeben. 100 g geräucherten, in Streifen geschnittenen Schinken unterheben, würzen. In 4 Souffléformen verteilen. Jeweils ein aufgeschlagenes Ei und ein Butterflöckchen daraufgeben. Im vorgeheizten Backofen 10 Minuten backen. Sofort servieren.

30 Spinat-Ricotta-Cannelloni

Für 4 Personen

250 g Spinatblätter
1 Handvoll Basilikumblätter
500 g Ricotta
50 g geriebener Parmesan
1 Prise geriebene Muskatnuss
500 g Tomatensauce aus dem Glas
8 frische Lasagneblätter
125 g Mozzarella, in dünne Scheiben
  geschnitten
Salz und frisch gemahlener Pfeffer

- Spinat in ein Sieb legen und in die Spüle stellen, so lange mit kochendem Wasser übergießen, bis die Blätter zusammenfallen. Spinat und Basilikumblätter grob hacken. In einer Schüssel mit Ricotta, der Hälfte des Parmesans und Muskat mischen. Mit Salz und frisch gemahlenem Pfeffer würzen.

- Die Tomatensauce in einem kleinen Topf köcheln lassen.

- Den Backofen auf 200 °C vorheizen. In einer mittelgroßen Auflaufform ein Drittel der Tomatensauce verstreichen. 2–3 EL von der Spinatmischung an der Längsseite jeder Lasagnescheibe verstreichen, diese aufrollen und in die Form legen. Restliche Sauce daraufgeben und mit den Mozzarellascheiben belegen.

- Restlichen Parmesan darüberstreuen. Im vorgeheizten Backofen in 15 20 Minuten goldgelb backen. Dazu nach Belieben einen grünen Salat reichen.

 Spinat-Tomaten-Spaghetti mit Ricotta
400 g Spaghetti al dente garen, abgießen und wieder in den Topf geben. Mit 200 g gehacktem Spinat, 4 EL grünem Pesto aus dem Glas und 1 Handvoll halbierten kleinen Eiertomaten mischen und abschmecken. Jeweils einen Tupfer Ricotta daraufgeben, mit geriebenem Parmesan bestreut servieren.

 Lasagne mit Spinat und Ricotta Den
Backofengrill auf mittlerer Stufe vorheizen. 8 frische Lasagneblätter in reichlich Salzwasser 3–5 Minuten garen, dann gut abtropfen lassen. 100 g Spinatblätter in einem Sieb in der Spüle mit kochendem Wasser übergießen, bis die Blätter zusammenfallen, gut abtropfen lassen und grob hacken. Mit der Hälfte von 500 g Tomatensauce aus dem Glas und 3 EL grünem Pesto verrühren und abschmecken. Etwas von der Spinatmischung in einer Auflaufform verstreichen, Lasagneblätter darauflegen. 250 g Ricotta darauf verteilen, dann wieder mit Pasta bedecken. Restliche Tomatensauce darübergießen und mit 25 g geriebenem Parmesan bestreuen. Unter dem vorgeheizten Grill 10 Minuten backen.

Überbackene Penne mit Spinat und Salsicce

Für 4 Personen

6 große Salsicce (pikante italienische Würste)

1 EL Olivenöl

500 g Tomatensauce aus dem Glas

300 g Penne

200 g junge Spinatblätter

250 g Ricotta

200 g Mascarpone

5 EL Milch

125 g Mozzarella, in kleine Stückchen geteilt

Salz und frisch gemahlener Pfeffer

- Das Wurstbrät aus der Haut in eine Schüssel drücken. Mit leicht angefeuchteten Händen das Brät zu sehr kleinen Bällen rollen. In einer Pfanne das Öl erhitzen und die Wurstbällchen darin unter ständigem Rühren in 5 Minuten bräunen. Die Tomatensauce dazugießen und 5 Minuten köcheln lassen.

- Den Backofen auf 190 °C vorheizen. In der Zwischenzeit die Penne in reichlich Salzwasser al dente garen. Den Topf vom Herd ziehen und den Spinat zugeben. Abgießen, etwas Kochflüssigkeit auffangen, Spinat und Penne wieder in den Topf geben.

- In einer Schüssel Ricotta, Mascarpone und Milch verrühren, dann mit der Pasta mischen und gut würzen.

- Die Wurst-Tomaten-Sauce in eine Auflaufform füllen, die Penne darauf verteilen und das Ganze mit Mozzarella belegen. Im vorgeheizten Backofen in 15 Minuten goldgelb backen.

---

1 **Penne mit Spinat und Speck** Den Backofengrill auf hoher Stufe vorheizen. 4 Scheiben Speck unter dem Grill in 7 Minuten knusprig backen. Abkühlen lassen, dann klein schneiden. 400 g Penne al dente garen, vom Herd ziehen und 200 g junge Spinatblätter kurz dazugeben, dann abgießen. Mit Speck und 2 gehackten Tomaten mischen und abschmecken. 250 g Ricotta mit 50 g Feta mischen und über die Pasta geben. Sofort servieren.

2 **Penne mit Wurst und Spinat** Den Backofengrill auf mittlerer Stufe vorheizen. In einer Pfanne 2 EL Olivenöl erhitzen, 1 klein geschnittene Knoblauchzehe darin 30 Sekunden anbraten. 1 Dose gehackte Tomaten (400 g) und jeweils 1 Prise getrocknete Chiliflocken und getrockneten Oregano zugeben. 15 Minuten köcheln lassen, bis das Ganze eindickt, und abschmecken. 6 große Salsicce (pikante italienische Würste) unter dem Backofengrill 15 Minuten grillen, etwas abkühlen lassen, in mundgerechte Stücke schneiden und in der Sauce erwärmen. 300 g Penne al dente garen, vom Herd ziehen und 200 g junge Spinatblätter kurz dazugeben, abgießen. Mit der Sauce mischen und 125 g Ricotta daraufgeben. Sofort servieren.

QuickPasta

Gesund
& köstlich

Rezepte nach Zubereitungszeit

Frische Nudelsuppe mit Kichererbsen und Kidneybohnen

Für 4 Personen

2 EL Olivenöl

2 Zwiebeln, 1 in dünne Scheiben geschnitten, 1 fein gehackt

2 Knoblauchzehen, fein gehackt

2 EL gehackte Minzeblätter

½ TL gemahlene Kurkuma

½ Dose Kichererbsen (200 g), abgespült und abgetropft

½ Dose Kidneybohnen (200 g), abgespült und abgetropft

2,5 l Hühnerbrühe

125 g feine Eiernudeln, klein gebrochen

100 g Erbsen aus der Dose

100 g Suppengrün, gehackt

1 EL gehackte Kräuter (glatte Petersilie, Koriander) zum Bestreuen

200 g Joghurt zum Garnieren

- In einer kleinen Pfanne die Hälfte des Öls erhitzen und die in Scheiben geschnittene Zwiebel darin bei schwacher Hitze in 10 Minuten goldgelb dünsten. Knoblauch und Minzeblätter einrühren und das Ganze 1 weitere Minute dünsten. Beiseitestellen.

- In der Zwischenzeit in einem Topf das restliche Öl erhitzen und die gehackte Zwiebel darin in 3–4 Minuten weich dünsten. Kurkuma einrühren, dann Kichererbsen und Bohnen hinzufügen und die Brühe zugießen. Aufkochen lassen und einige Minuten kochen. Die Eiernudeln in den Topf geben und 5 Minuten köcheln lassen.

- Erbsen und Suppengrün in die Suppe geben, abschmecken und 2–3 Minuten weiterköcheln, bis die Nudeln gar sind.

- In Suppentassen anrichten, mit der Zwiebelmischung aus der Pfanne und den Kräutern bestreuen und einige Tupfer Joghurt daraufgeben. Dazu mehr Joghurt und Pitabrot reichen.

Nudelsuppe mit karamellisierten Zwiebeln

In einem großen Topf 1 TL Currypaste einige Sekunden anbraten, dann 4 EL Röstzwiebeln zugeben, 2,4 l heiße Hühnerbrühe zugießen und aufkochen. 1 Dose abgespülte, abgetropfte Kichererbsen (400 g) und 125 g klein gebrochene feine Eiernudeln hinzufügen, würzen. Nudeln gar köcheln. 100 g gehacktes Suppengrün und 100 g Erbsen aus der Dose 2–3 Minuten vor Garende zugeben. Die Suppe mit karamellisierten Zwiebelringen bestreut servieren.

Pastapilaw mit Knusperzwiebeln

In einem großen Topf 1 EL Olivenöl erhitzen, 1 gehackte Zwiebel zugeben und weich dünsten. 1 TL gemahlenen Kreuzkümmel und 1 Prise gemahlene Kurkuma, dann 100 g Langkornreis und 100 g Capelli d'angelo hinzufügen. Die Zutaten gut verrühren, dann 500 ml Hühnerbrühe und ½ Dose abgespülte, abgetropfte Kichererbsen (200 g) zugeben. Aufkochen und zugedeckt 15–20 Minuten schwach köcheln lassen, mit Salz und Pfeffer würzen. In einem zweiten Topf in 4 EL Olivenöl 1 in Ringe geschnittene Zwiebel knusprig frittieren. Mit einem Schaumlöffel herausheben und mit 1 EL gehackten Minzeblättern auf den angerichteten Pilaw streuen.

30 Geflügelbällchen-Farfalline-Suppe

Für 4 Personen

500 g Hähnchenbrustfilet

50 g frische Semmelbrösel

25 g geriebener Parmesan zzgl.
Parmesan zum Bestreuen

2 EL fein gehackte glatte Petersilienblätter zzgl. Petersilienblätter zum
Garnieren

1 Ei, leicht verquirlt

1 Knoblauchzehe, zerdrückt

2,5 l Hühnerbrühe

2 große Karotten, geputzt und in
dünne Scheiben geschnitten

175 g Farfalline

Salz und frisch gemahlener Pfeffer

- In einer Küchenmaschine das Hähnchenbrustfilet zu feinem Hack pürieren.

- In einer großen Schüssel Geflügelhack, Semmelbrösel, Parmesan, Petersilienblätter, Ei und Knoblauch vermengen und nach Geschmack würzen. Mit leicht angefeuchteten Händen aus der Mischung Bällchen (2 cm Durchmesser) formen.

- In einem großen Topf die Brühe aufkochen, die Karotten zugeben und 5 Minuten sanft köcheln lassen.

- Die Hackbällchen in die Brühe geben und 5 Minuten köcheln. Farfalline zugeben und das Ganze weitere 5–7 Minuten garen. Dann sollten die Fleischbällchen gar sein. Abschmecken.

- In tiefen Tellern anrichten und mit Parmesan und gehackten Petersilienblättern bestreut servieren.

---

1 **Geflügelsuppe mit Karotten** 1 l Hühnerbrühe aufkochen, 2 geputzte und geriebene Karotten zugeben und 3 Minuten köcheln lassen, dann 175 g Farfalline zugeben und 5–7 Minuten köcheln. 200 g klein geschnittenes, gegartes Geflügelfleisch 1 Minute vor Garende zufügen und in der Brühe erhitzen. Mit Salz und Pfeffer abschmecken und mit 1 EL gehacktem Dill bestreut sofort servieren.

2 **Gegrillte Putenschnitzel mit Orzo** Den Backofengrill auf mittlerer Stufe vorheizen. 4 Putenschnitzel mit etwas Mehl bestäuben, überschüssiges Mehl abklopfen, dann durch 1 verquirltes Ei ziehen. 100 g Semmelbrösel und 25 g geriebenen Parmesan mischen und die Schnitzel in der Panade wälzen. Mit 1 EL Olivenöl beträufeln und unter dem vorgeheizten Backofengrill 5–7 Minuten von jeder Seite garen. In der Zwischenzeit 4 Scheiben Pancetta in feine Streifen schneiden und in 1 EL Olivenöl in 5 Minuten kross braten. Aus der Pfanne nehmen, 1 fein gehackte Schalotte und 1 zerdrückte Knoblauchzehe in der Pfanne weich dünsten. 150 g dünne Karottenscheiben zugeben und in 10 Minuten gar köcheln, dann 250 ml Geflügelbrühe und 400 g Orzo zugeben und garen, ggf. weitere Geflügelbrühe zufügen, wenn die Mischung zu trocken wird. Pancetta unterheben und zu den Schnitzeln servieren.

Spaghetti mit Rucola, Chili und Ricotta

Für 4 Personen

400 g Spaghetti
1 EL Olivenöl
1 Knoblauchzehe, fein gehackt
1 rote Chili, entkernt und fein gehackt
200 g Rucola
150 g Ricotta, zerbröckelt
Salz und frisch gemahlener Pfeffer

- Spaghetti in reichlich Salzwasser al dente garen.

- In der Zwischenzeit in einer kleinen Pfanne das Öl erhitzen, Knoblauch und Chili zugeben und 30 Sekunden darin anbraten. Pfanne vom Herd ziehen.

- Die Pasta abgießen, etwas Kochflüssigkeit auffangen. Spaghetti wieder in den Topf geben. Mit dem Chili-Knoblauch-Öl mischen, ggf. etwas Kochflüssigkeit unterrühren. Abschmecken.

- Den Rucola unterrühren, dann in tiefen Tellern anrichten und mit zerbröckeltem Ricotta bestreuen. Sofort servieren.

Spaghetti mit Ricotta-Parmesan-Sauce

In einem Topf 25 g Butter zerlassen, 25 g Mehl zugeben und eine Mehlschwitze zubereiten. Nach und nach 300 ml Milch unterrühren und in 5–10 Minuten eindicken lassen. 150 g Ricotta und 1 Handvoll geriebenen Parmesan unterrühren. 400 g Spaghetti al dente garen und abgießen. Mit der Ricottasauce und insgesamt 200 g jungen Spinatblättern, Rucola und Brunnenkresse vermengen. Mit Salz und Pfeffer würzen und sofort mit 1 TL Chiliflocken bestreut servieren.

Ricotta-Engelshaar aus dem Ofen mit Rucolasalat Den Backofen auf 200 °C vorheizen. 350 g Capelli d'angelo garen. Abgießen, kalt abschrecken und abtropfen lassen. In kleine Stücke schneiden und in einer Schüssel mit 6 verquirlten Eiern und 150 g Ricotta mischen und gut würzen. Die Vertiefungen eines Muffinblechs einfetten und die Mischung darin verteilen. Im vorgeheizten Backofen 15–20 Minuten backen. 200 g Rucola und 1 entkernte und fein gehackte rote Chili mischen. 1 TL Weißweinessig und 2 EL extra natives Olivenöl verrühren und unterziehen. Zur Pasta aus dem Ofen servieren.

Fettuccine mit Ziegenkäse und Tomatensalsa

Für 4 Personen

400 g Fettuccine

125 g weicher Ziegenkäse

40 g Frischkäse

Salz und frisch gemahlener Pfeffer

Für die Tomatensalsa

200 g kleine Pflaumentomaten, halbiert

5 sonnengetrocknete Tomaten in Öl, abgetropft und fein gehackt

1 EL Balsamico

1 EL extra natives Olivenöl

1 Handvoll gehackte Basilikumblätter

Salz und frisch gemahlener Pfeffer

- Für die Tomatensalsa Tomaten, Balsamico, Olivenöl und Basilikumblätter in eine Schüssel geben, gut würzen und 5 Minuten ziehen lassen.

- In der Zwischenzeit die Fettuccine in reichlich Salzwasser al dente garen.

- Die Pasta abgießen, etwas Kochflüssigkeit auffangen, Fettuccine wieder in den Topf geben. Die Käsesorten unterrühren, ggf. etwas Kochflüssigkeit hinzufügen. Abschmecken.

- Auf flachen Tellern anrichten und mit Tomatensalsa servieren.

Ziegenkäse-Fettuccine mit gebackenen Tomaten Den Backofen auf 180 °C vorheizen. 200 g Kirschtomaten in eine Auflaufform legen und mit 1 EL Öl beträufeln. Im vorgeheizten Backofen 15 Minuten backen. 2 Minuten vor Ende der Backzeit 1 Handvoll gehackte Oreganoblätter, 1 Prise Zucker und 1 EL Balsamico auf die Tomaten geben. In der Zwischenzeit 400 g Fettuccine al dente garen und abgießen. Mit 125 g weichem Ziegenkäse, 5 EL Mascarpone und 1 Handvoll geriebenem Parmesan mischen, ggf. etwas Kochflüssigkeit hinzufügen und würzen. In tiefen Tellern anrichten und mit den gebackenen Tomaten und mit 1 EL gerösteten Pinienkernen bestreut servieren.

Ofenpasta mit Ziegenkäse und Tomatensalsa Den Backofen auf 190 °C vorheizen. 400 g Penne al dente garen. 125 g weichen Ziegen- und 40 g Frischkäse mit 50 g fettarmer Crème fraîche und etwas Milch zu einer Sauce verrühren, würzen und mit abgegossenen Penne vermengen. In eine Auflaufform geben und mit 1 Handvoll geriebenem Parmesan bestreuen. Im vorgeheizten Backofen 15–20 Minuten backen. Aus 200 g halbierten kleinen Pflaumentomaten, 5 abgetropften und fein gehackten getrockneten Tomaten in Öl, 1 EL Balsamico, 1 EL extra nativem Olivenöl und 1 Handvoll gehackten Basilikumblättern eine Tomatensalsa zubereiten, würzen.

Butternusskürbis-Lasagne mit Ricotta

Für 4 Personen

1 rote Zwiebel, in Scheiben geschnitten
½ Butternusskürbis, geschält, entkernt, in Spalten geschnitten
1 EL Olivenöl
6 Lasagneblätter
250 g Ricotta
75 g Mascarpone
Saft und abgeriebene Schale von
½ unbehandelten Zitrone zzgl.
Schale zum Garnieren
50 g Rucola
Salz und frisch gemahlener Pfeffer

- Den Backofen auf 220 °C vorheizen. Die Zwiebeln und den Kürbis in eine Auflaufform legen und mit 1 EL Olivenöl beträufeln. Im vorgeheizten Backofen in 15 Minuten weich garen.

- In der Zwischenzeit die Lasagneblätter in reichlich Salzwasser in 7–10 Minuten weich garen. Jedes Pastablatt einmal durchschneiden. Ricotta, Mascarpone, Zitronensaft und -schale in einer Schüssel verrühren.

- Jeweils ½ Lasagneblatt auf einen von vier flachen Tellern legen, etwas Kürbis und Zwiebeln, dann etwas von der Ricottamischung daraufgeben. So fortfahren, bis die Pastablätter aufgebraucht sind. Mit Rucola und Zitronenschale garnieren und sofort servieren.

10 **Butternusskürbis-Ricotta-Penne** Den
Backofen auf 220 °C vorheizen. ½ geschälten, entkernten und in Spalten geschnittenen Butternut-Kürbis in einer Auflaufform mit 1 EL Olivenöl beträufeln. Im Backofen in 15 Minuten weich garen, würfeln. 400 g Penne in Salzwasser 10 Minuten köcheln, abgießen, etwas Kochflüssigkeit auffangen. Penne wieder in den Topf geben. Kürbiswürfel, 1 EL Mascarpone und ggf. Kochflüssigkeit unterrühren. Abschmecken, 250 g Ricotta locker unterheben und sofort servieren.

 **Cannelloni mit Butternusskürbis-Püree und Ricotta** Den Backofen auf 200 °C vorheizen. ½ geschälten, entkernten und in Spalten geschnittenen Butternut-Kürbis in Salzwasser 10 Minuten garen und abgießen. Im Mixer zu einem Püree verarbeiten. Mit 250 g Ricotta und 75 g Mascarpone mischen und mit Salz und Pfeffer würzen. Das Ganze auf 8 frische Lasagneblätter geben und diese aufrollen. In eine Auflaufform legen und 350 g Tomatensauce aus dem Glas darübergießen. Mit 125 g geriebenem Mozzarella bestreuen, 15 Minuten backen.

10 Pasta niçoise

Für 4 Personen

400 g Ditalini
150 g grüne Bohnen, geputzt
200 g Thunfisch naturell aus der
  Dose, abgetropft und zerteilt
100 g Kirschtomaten, geviertelt
50 g entsteinte schwarze Oliven
  (vorzugsweise würzige Niçoise-
  Oliven)
75 g Rucola
Salz

Für das Dressing

3 Anchovisfilets in Öl, abgetropft und
  gehackt
1 Knoblauchzehe, zerdrückt
2 TL Weißweinessig
2 EL extra natives Olivenöl

- Die Ditalini in reichlich Salzwasser al dente garen. 5 Minuten vor Garende die Bohnen hinzufügen.

- In der Zwischenzeit das Dressing zubereiten. Anchovis und Knoblauch verrühren, dann Essig und Öl unterarbeiten.

- Pasta und Bohnen abgießen, etwas Kochflüssigkeit auffangen. Pasta und Bohnen wieder in den Topf geben. Dressing und ggf. etwas Garflüssigkeit unterrühren. Mit den restlichen Zutaten mischen, abschmecken und sofort servieren.

 **Pasta niçoise mit feurigem Grillthunfisch**

400 g Ditalini al dente garen, 5 Minuten vor Garende 150 g geputzte grüne Bohnen zufügen. Aus 3 abgetropften und gehackten Anchovisfilets in Öl, 1 zerdrückten Knoblauchzehe, 2 TL Weißweinessig und 2 EL extra nativem Olivenöl ein Dressing herstellen. Abgegossene Pasta mit Dressing, 100 g geviertelten Kirschtomaten, 50 g entsteinten schwarzen Oliven sowie 75 g Rucola mischen, abschmecken. Dazu schmecken 4 gegrillte Thunfischsteaks mit Chiliflocken.

 **Pasta niçoise mit Tomaten-Paprika-Sauce** Den Ofen auf 200 °C vorheizen. 200 g halbierte Tomaten und 1 halbierte, entstielte und entkernte rote Paprika in eine Auflaufform legen und mit 1 EL Öl beträufeln. Im vorgeheizten Backofen 20–25 Minuten backen. In einer Küchenmaschine oder im Mixer zu einer stückigen Sauce verarbeiten, würzen. 400 g Ditalini al dente garen, 5 Minuten vor Garende 150 g geputzte grüne Bohnen zufügen. Aus 3 abgetropften und gehackten Anchovisfilets in Öl, 1 zerdrückten Knoblauchzehe, 2 TL Weißweinessig und 2 EL extra nativem Olivenöl ein Dressing herstellen. Abgegossene Pasta mit Dressing, 100 g geviertelten Kirschtomaten, 50 g entsteinten schwarzen Oliven sowie 75 g Rucola mischen und abschmecken. Die Tomaten-Paprika-Sauce auf die Pasta geben und sofort servieren.

 # Spaghetti mit Grünkohl und Gruyère

Für 4 Personen

400 g Vollkorn-Spaghetti
200 g Grünkohl, geputzt und gehackt
2 EL Olivenöl
2 Knoblauchzehen, klein geschnitten
1 EL Weißweinessig
Salz und frisch gemahlener Pfeffer
40 g gehobelter Gruyère zum Bestreuen

- Die Spaghetti in reichlich Salzwasser al dente garen. 5 Minuten vor Ende der Garzeit den Grünkohl zugeben.

- In der Zwischenzeit in einer Pfanne das Olivenöl erhitzen und den Knoblauch darin 30 Sekunden anbraten. Den Essig zugeben und weitere 30 Sekunden köcheln lassen. Pfanne vom Herd ziehen.

- Pasta und Kohl abgießen und wieder in den Topf geben. Mit dem Knoblauchöl mischen und würzen.

- In tiefen Tellern anrichten und mit Gruyère bestreut servieren.

 ### Spaghetti mit sanft gegartem Grünkohl

In einem großen Topf 1 EL Olivenöl erhitzen, 1 in Scheiben geschnittene Zwiebel darin weich dünsten. 1 gehackte Knoblauchzehe und 200 g geputzten, gehackten Grünkohl hinzufügen und weitere 3 Minuten braten. 2 EL Wasser zugeben und zugedeckt bei schwacher Hitze 15 Minuten garen, bis die Blätter etwas zusammenfallen. Mit Salz und Pfeffer würzen und ggf. mehr Wasser zugeben. 400 g Vollkorn-Spaghetti al dente garen, mit Kohl und 2 gehackten Tomaten mischen und mit 40 g gehobeltem Gruyère bestreut servieren.

 ### Butternusskürbis-Grünkohl-Spaghetti

Den Backofen auf 200 °C vorheizen. ½ geschälten, entkernten und gewürfelten Butternusskürbis mit 2 EL Olivenöl beträufeln und in eine Auflaufform geben. Im vorgeheizten Backofen in 20 Minuten weich backen. 400 g Vollkorn-Spaghetti al dente garen und abgießen. In einem großen Topf 1 EL Olivenöl erhitzen, 1 in Scheiben geschnittene Zwiebel darin weich dünsten. 1 gehackte Knoblauchzehe und 200 g geputzten, gehackten Grünkohl hinzufügen und weitere 3 Minuten braten. 2 EL Wasser zugeben und zugedeckt bei

schwacher Hitze 15 Minuten garen, bis die Blätter etwas zusammenfallen. Mit Salz und Pfeffer würzen und ggf. mehr Wasser zugeben. In einem Topf 350 g Tomatensauce aus dem Glas erhitzen, mit Spaghetti, Kohl und Kürbis vermengen und mit 40 g gehobeltem Gruyère bestreuen.

30 Tagliatelle mit Pilzbolognese

Für 4 Personen

300 g gemischte Pilze, geputzt

2 EL Olivenöl zzgl. Olivenöl zum Anrichten

1 Zwiebel, fein gehackt

1 Knoblauchzehe, zerdrückt

1 Handvoll Thymianblätter

100 ml trockener Weißwein

1 TL Tomatenmark

300 ml Passata (passierte Tomaten)

400 g Tagliatelle

Salz und frisch gemahlener Pfeffer

40 g geriebener Parmesan zum Bestreuen

- Die Pilze mit einem scharfen Messer fein hacken, bis sie die Konsistenz von Semmelbröseln haben. Alternativ in der Küchenmaschine zerkleinern. Vorsichtig, es soll kein Brei daraus werden.

- In einer großen Pfanne das Olivenöl erhitzen. Pilze, Zwiebeln, Knoblauch und Thymianblätter unter häufigem Rühren bei mittlerer Hitze darin 5 Minuten braten. Den Wein zugießen und 5 Minuten weiterköcheln, bis der Wein vollständig absorbiert wurde. Tomatenmark und Passata einrühren und weitere 10 Minuten köcheln. Nach Geschmack würzen.

- In der Zwischenzeit die Tagliatelle in reichlich Salzwasser al dente garen. Abgießen und wieder in den Topf geben. Nach Belieben etwas Olivenöl dazugeben und die Sauce untermischen.

- In tiefen Tellern anrichten und mit Parmesan bestreut servieren.

---

1 **Pilz-Tagliatelle** In einer Pfanne 1 EL Olivenöl erhitzen, 2 gehackte Knoblauchzehen 1 Minute darin weich dünsten. 250 g geputzte und in Scheiben geschnittene Mischpilze und 1 Prise Chiliflocken zugeben und die Pilze weich braten. 400 g Tagliatelle al dente garen und mit der Pilzmischung, 3 gehackten Tomaten und 1 Handvoll gehackten Basilikumblättern vermengen, mit Salz und Pfeffer abschmecken und servieren.

2 **Wildpilz-Tagliatelle mit Steinpilzsauce** 25 g getrocknete Steinpilze mit kochendem Wasser übergießen und 15 Minuten einweichen. In einer Pfanne 1 EL Olivenöl erhitzen und je 1 gehackte Zwiebel und Knoblauchzehe darin sehr weich dünsten. 1 TL Tomatenmark einrühren, dann 100 ml trockenen Weißwein zugießen und in einigen Minuten auf die Hälfte einkochen. Steinpilze mit Einweichflüssigkeit zugeben und 50 g Crème fraîche unterrühren. 150 g gemischte Wildpilze putzen, ggf. halbieren und in einer Pfanne in 1 ½ EL Olivenöl weich dünsten. 400 g Tagliatelle al dente garen und abgießen. Mit den Wildpilzen und der Pilzsauce mischen, mit Salz und Pfeffer würzen und mit geriebenem Parmesan bestreut servieren.

Spinat-Conchiglie mit Ziegenkäse und Walnüssen

Für 4 Personen

1 EL Olivenöl

1 Knoblauchzehe, fein zerdrückt

250 g junge Spinatblätter, gehackt

1 Handvoll Minzeblätter, gehackt

400 g frische Conchiglie

100 g weicher Ziegenkäse, zerteilt

25 g Walnüsse, grob gehackt

Salz und frisch gemahlener Pfeffer

- In einem großen Topf das Olivenöl erhitzen und den Knoblauch darin in 30 Sekunden goldgelb braten. Den Spinat hinzufügen und den Deckel auf den Topf setzen. Einige Minuten garen, dann die Minzeblätter zugeben.

- In der Zwischenzeit die Pasta in reichlich Salzwasser al dente garen. Abgießen, etwas Kochflüssigkeit auffangen. Die Conchiglie wieder in den Topf geben. Mit der Spinatmischung verrühren, ggf. etwas Kochflüssigkeit zufügen. Würzen.

- In tiefen Tellern anrichten, Ziegenkäsestückchen und Walnüsse daraufgeben und servieren.

Spinat-Zucchini-Conchiglie mit Ziegenkäse 400 g Conchiglie al dente garen und abgießen. In einem großen Topf 1 EL Olivenöl erhitzen und 1 fein zerdrückte Knoblauchzehe darin in 30 Sekunden goldgelb braten. 250 g gehackte junge Spinatblätter hinzufügen und den Deckel auf den Topf setzen. Einige Minuten garen, dann 1 Handvoll gehackte Minzeblätter zugeben. 100 g Zucchini in Scheiben schneiden. In einer Pfanne 1 EL Olivenöl erhitzen und die Zucchini einige Minuten darin braten. Wenden, 1 Handvoll entsteinte schwarze Oliven hinzufügen und weitere 2 Minuten braten. Conchiglie mit der Spinat-Minze-Mischung sowie Zucchini und Oliven vermengen, würzen und ggf. etwas Kochflüssigkeit hinzufügen. Mit 100 g Ziegenkäsestückchen bestreut servieren.

Ofenpasta mit Spinat, Schinken und Ziegenkäse Den Backofen auf 200 °C vorheizen. 400 g Conchiglie al dente garen, kurz vor dem Abgießen 200 g junge Spinatblätter zugeben. In der Zwischenzeit in einem Topf 25 g Butter zerlassen, 25 g Mehl zugeben und eine Mehlschwitze zubereiten. Nach und nach 300 ml Milch unterrühren, aufkochen und unter ständigem Rühren leicht eindicken lassen. Mit Salz und Pfeffer abschmecken. 50 g weichen Ziegenkäse unterrühren. Pasta und Spinat abgießen und mit 4 Scheiben in Rauten geschnittenem Kochschinken und der Sauce mischen. In eine Auflaufform geben, 50 g Ziegenkäsestückchen darüber verteilen und mit 1 Handvoll frischen Semmelbröseln bestreuen. Die Pasta im vorgeheizten Backofen 15 Minuten backen.

Fusilli mit Linsen, Grünkohl und karamellisierten Zwiebeln

Für 4 Personen

2 EL Olivenöl

2 Zwiebeln, in Ringe geteilt

1 Prise getrocknete Chiliflocken

2 Knoblauchzehen, in feine Scheiben
geschnitten

50 g Puy-Linsen, abgespült und
abgetropft

400 g Tricolore Fusilli

125 g Grünkohl, gehackt

Salz und frisch gemahlener Pfeffer

- In einer Pfanne das Öl erhitzen, Zwiebeln und Chiliflocken zugeben und bei schwacher Hitze in 10 Minuten leicht bräunen. Den Knoblauch zugeben und einige Minuten weiterdünsten. Beiseitestellen.

- In der Zwischenzeit die Linsen in Wasser gar köcheln und abgießen.

- Die Pasta in reichlich Salzwasser al dente garen. 3 Minuten vor Garende den Grünkohl mit in den Topf geben. Abgießen, etwas Kochflüssigkeit auffangen. Pasta wieder in den Topf geben, mit den Linsen mischen und ggf. etwas Kochflüssigkeit hinzufügen, würzen.

- In tiefen Tellern anrichten und mit den karamellisierten Zwiebeln bestreut servieren.

 **Linsen-Tomaten-Fusilli mit karamellisierten Zwiebeln** 250 g fertig gegarte Puy-Linsen aus der Dose in einen Topf geben und ein Pesto aus 6 EL gehackten sonnengetrockneten Tomaten und 2 EL gehackten, angebratenen Zwiebeln unterrühren. 1 gehackte Tomate und etwas Wasser zugeben, würzen, dann die Sauce erwärmen. 400 g Fusilli al dente garen, abgießen und mit der Sauce mischen, und noch einmal abschmecken. Mit karamellisierten Zwiebelringen garniert servieren.

 **Fusilli mit Schalotten und Linsen** Den Backofen auf 200 °C vorheizen. 200 g geschälte Schalotten in eine kleine Auflaufform legen und mit 2 EL Olivenöl mischen. Im vorgeheizten Backofen 20–25 Minuten backen. Währenddessen 1 EL Balsamico und 2 Minuten vor Garende 2 Prisen Zucker darübergeben. 400 g Fusilli al dente garen, dann mit 250 g fertig gegarten Puy-Linsen aus der Dose und den Schalotten mischen, abschmecken. Balsamico und Feta darübergeben.

Rigatoni mit Blumenkohl, Anchovis und Rosinen

Für 2 Personen

200 g Rigatoni

½ kleiner Blumenkohl, in Röschen zerteilt

1 EL Olivenöl

4 Anchovisfilets in Öl, abgetropft und fein gehackt

2 Knoblauchzehen, klein geschnitten

1 rote Chili, entkernt, in Ringe geschnitten

25 g Rosinen

25 g geröstete Pinienkerne

Saft und abgeriebene Schale von ½ unbehandelten Zitrone

Salz

1 EL gehackte glatte Petersilienblätter zum Garnieren

- Rigatoni in reichlich Salzwasser al dente garen.

- In der Zwischenzeit den Blumenkohl in kochendem Wasser 5 Minuten köcheln, dann abgießen. In einer kleinen Pfanne das Olivenöl erhitzen und Anchovis, Knoblauch und Chili darin einige Minuten scharf anbraten. Blumenkohl zugeben und in einigen Minuten goldgelb braten. Rosinen und Pinienkerne, dann den Zitronensaft unterrühren.

- Die Pasta abgießen, etwas Kochflüssigkeit auffangen, Pasta wieder in den Topf geben. Die Blumenkohlmischung unterheben, ggf. etwas Kochflüssigkeit zufügen und abschmecken.

- In tiefen Tellern anrichten und mit Zitronenschale und Petersilienblättern bestreut servieren.

 **Blumenkohl-Tagliatelle mit Anchovisbutter**

200 g Tagliatelle al dente garen und ½ in Röschen zerteilten kleinen Blumenkohl 7 Minuten vor Ende der Garzeit zugeben. In der Zwischenzeit die abgeriebene Schale von ½ unbehandelten Zitrone und 4 abgetropfte, gehackte Anchovisfilets mit 25 g weicher Butter vermengen. Pasta und Blumenkohl abgießen und in tiefen Tellern anrichten. Die Anchovisbutter daraufgeben.

Rigatoni mit gebratenem Blumenkohl in Anchovisöl Den Backofen auf 200 °C vorheizen. 2 gehackte Knoblauchzehen, 5 abgetropfte Anchovisfilets und 1 EL Olivenöl in einer Schüssel gut vermengen. ½ in Röschen zerteilten kleinen Blumenkohl in einer Auflaufform mit der Anchovissauce vermischen und im vorgeheizten Backofen 20–25 Minuten backen. In der Zwischenzeit 200 g Rigatoni al dente garen. Mit Blumenkohl, 1 ab-getropften und gehackten roten Paprika aus dem Glas und einem Spritzer Zitronensaft mischen, würzen und sofort servieren.

 # Scharfe Reis-Linsen-Vermicelli

Für 4 Personen

125 g grüne oder braune Linsen, abgespült und abgetropft

3 EL Olivenöl

75 g Vermicelli

200 g Langkornreis

400 ml Hühnerbrühe

2 große Zwiebeln, in Scheiben geschnitten

3 Knoblauchzehen, zerdrückt

¼ TL getrocknete Chiliflocken

1 TL gemahlener Kreuzkümmel

400 g Passata (passierte Tomaten)

Salz und frisch gemahlener Pfeffer

½ Handvoll gehackte Korianderblätter zum Garnieren

- Linsen in köchelndem Wasser in 25 Minuten garen und abgießen.

- In der Zwischenzeit in einem Topf 1 EL Olivenöl erhitzen. Die Vermicelli in 2 cm lange Stücke brechen und einige Minuten im Öl erhitzen, bis sie etwas Farbe angenommen haben. Den Reis einrühren und dann die Hühnerbrühe zugießen.

- Aufkochen und bei schwacher Hitze 10 Minuten köcheln bzw. so lange, bis die Brühe nahezu verkocht ist. Das Ganze zugedeckt bei sehr schwacher Hitze 5 Minuten köcheln bzw. so lange, bis Pasta und Reis gar sind.

- In einer Pfanne das übrige Olivenöl erhitzen, die Zwiebeln zugeben und in 10 Minuten leicht bräunen. Dabei häufig umrühren. Knoblauch, Chiliflocken und Kreuzkümmel einrühren und 1 weitere Minute braten. Einige Zwiebeln für die Garnitur herausnehmen. Die Passata zugeben, gut würzen und köcheln lassen.

- Vorsichtig die Linsen mit Reis und Vermicelli vermengen. In tiefen Tellern anrichten, die würzige Tomatensauce daraufgeben und mit Zwiebeln und Koriander garniert servieren.

---

1 **Orzo-Linsen-Salat**

300 g Orzo zubereiten, 125 g vorgegarte Dicke Bohnen aus dem Glas 3–4 Minuten vor Garende zugeben und weich kochen. Abgießen, kalt abschrecken und abtropfen lassen. ½ Dose Linsen (200 g) abspülen und in einer Schüssel mit der Pasta und den Bohnen mischen, 1 fein gehackte Schalotte, den Saft von 1 Zitrone und 1 EL gehackte Basilikumblätter unterziehen und mit Salz und Pfeffer abgeschmeckt servieren.

2 **Spaghetti mit Tomaten-Linsen-Sauce**

400 g Vollkorn-Spaghetti al dente garen. In einer großen Pfanne 1 EL Olivenöl erhitzen und 2 klein geschnittene Knoblauchzehen 1 Minute darin braten. 400 g Passata (passierte Tomaten) zugießen und 10 Minuten köcheln. 1 Dose Linsen (400 g) abspülen, abtropfen lassen, dazugeben, würzen und alles erhitzen. Pasta abgießen und wieder in den Topf geben. Mit der Tomaten-Linsen-Sauce mischen und mit Parmesan bestreuen.

Zucchini-Erbsen-Tagliatelle mit Tomate und Feta

Für 4 Personen

2 Zucchini
1 EL Olivenöl
400 g Tagliatelle
125 g Erbsen aus der Dose
50 g Feta
125 g Kirschtomaten, halbiert
Salz und frisch gemahlener Pfeffer
1 Handvoll Basilikumblätter zum
   Garnieren

- Die Zucchini mit einem Gemüsehobel in sehr dünne Scheiben schneiden, mit Olivenöl beträufeln und würzen. Eine Grillpfanne auf höchster Stufe erhitzen und die Zucchini darin etwa 1 Minute braten. Wenden und in 1 weiterer Minute leicht bräunen. Beiseitestellen.

- Die Tagliatelle in reichlich Salzwasser al dente garen. 2 Minuten vor Garende die Erbsen zugeben. Abgießen, etwas Kochflüssigkeit auffangen, Pasta und Erbsen wieder in den Topf geben.

- Die Hälfte des Feta mit 2 EL Kochflüssigkeit vermengen und in die Pasta rühren, ggf. weitere Kochflüssigkeit zugeben. Mit Tomaten und Zucchini mischen. Den übrigen Feta darüberkrümeln und mit Basilikumblättern bestreut servieren.

Erbsen-Tagliatelle mit Minz-Tomaten-Zucchini 400 g Tagliatelle al dente garen. 2 Minuten vor Garende die Erbsen zugeben. Abgießen, Pasta und Erbsen wieder in den Topf geben. 50 g Feta mit 2 EL Milch, 1 Handvoll gehackten Minzeblättern und 4 abgetropften, fein gehackten sonnengetrockneten Tomaten in Öl vermengen, 2 fein geraspelte Zucchini untermischen und würzen. Mit Pasta und Erbsen mischen und sofort servieren.

Ofen-Fusilli mit Zucchini, Tomate, Feta und Erbsensprossen Den Backofen auf 190 °C vorheizen. 400 g Fusilli al dente garen. Abgießen und wieder in den Topf geben. 1 Dose gehackte Tomaten (400 g) unterrühren. 2 Zucchini mit einem Gemüsehobel in sehr dünne Scheiben schneiden, mit 1 EL Olivenöl beträufeln und würzen. Eine Grillpfanne auf höchster Stufe erhitzen und die Zucchini darin etwa 1 Minute braten. Wenden und in 1 weiterer Minute leicht bräunen. Mit 1 Handvoll gehackten Basilikumblättern unter die Fusilli rühren, abschmecken. Das Ganze in eine Auflaufform füllen, mit 1 Handvoll Semmelbröseln und 75 g zerbröckeltem Feta bestreuen. Im vorgeheizten Backofen in 15 Minuten goldgelb backen. Dazu Erbsensprossen, gemischt mit je 1 EL Zitronensaft und Olivenöl, servieren.

 # Spaghetti mit Thunfischbällchen

Für 4 Personen

2 Frühlingszwiebeln, klein geschnitten

2 Dosen Thunfisch naturell (je 185 g), abgetropft

1 Eigelb, leicht verquirlt

50 g frische Semmelbrösel

1 Handvoll gehackte Minzeblätter, zzgl. Minzeblätter zum Garnieren

1 Prise getrocknete Chiliflocken

1 EL Olivenöl

400 g Tomatensauce aus dem Glas

400 g Spaghetti

Salz und frisch gemahlener Pfeffer

- In einer Schüssel Frühlingszwiebeln, Thunfisch, Eigelb, Semmelbrösel, Minzeblätter und Chiliflocken mischen und würzen. Mit leicht angefeuchteten Händen daraus walnussgroße Bällchen formen. Die Menge sollte für zwölf Bällchen reichen.

- In einer Pfanne das Öl erhitzen und die Thunfischbällchen darin in 5–10 Minuten knusprig braten. Die Tomatensauce zugießen und die Sauce 5 Minuten köcheln lassen. Wenn sie zu trocken wird, etwas Wasser zugeben.

- Die Spaghetti in reichlich Salzwasser al dente garen. Abgießen und mit der Sauce mischen, abschmecken.

- In tiefen Tellern anrichten und nach Belieben mit Minzeblättern bestreut servieren.

---

1 **Scharfe Thunfisch-Spaghetti** 400 g Spaghetti al dente garen und abgießen. 1 Dose Thunfisch naturell (185 g) abtropfen lassen und mit 1 entkernten, gehackten roten Chili, 150 g halbierten Kirschtomaten und 1 Spritzer Zitronensaft vermengen. Mit Salz und Pfeffer würzen. Mit 1 guten Handvoll Rucola unter die Spaghetti mischen und servieren.

3 **Spaghetti mit Thunfisch-Rosinen-Bällchen** Auf einem Schneidbrett 400 g frischen Thunfisch so fein wie möglich schneiden. Mit leicht angefeuchteten Händen daraus walnussgroße Bällchen formen, dabei 1 TL gemahlenen Kreuzkümmel und 1 EL Rosinen sowie 1 Ei und 1 EL Semmelbrösel untermengen. In einer Pfanne 1 EL Olivenöl erhitzen und die Thunfisch-bällchen darin in 5–10 Minuten knusprig braten. 400 g Tomatensauce aus dem Glas zugießen und die Sauce 5 Minuten köcheln lassen und mit Salz und Pfeffer würzen. Wenn sie zu trocken wird, etwas Wasser zugeben. 400 g Spaghetti al dente garen. Abgießen und mit der Sauce mischen. In tiefen Tellern anrichten und nach Belieben mit ½ Handvoll gehackten Minzeblättern bestreuen.

Farfalle mit Spargel und Dicken Bohnen

Für 4 Personen

400 g Farfalle
1 EL Olivenöl
4 Frühlingszwiebeln, in Scheiben
geschnitten
25 ml trockener Weißwein
150 g grüne Spargelspitzen
125 g Dicke Bohnen aus dem Glas
50 g Frischkäse
Salz und frisch gemahlener Pfeffer
1 EL Schnittlauchröllchen zum
Garnieren

- Die Farfalle in reichlich Salzwasser al dente garen.

- In einer Schmorpfanne das Olivenöl erhitzen und die Frühlingszwiebeln darin in 1–2 Minuten weich dünsten. Den Wein zugeben und in einigen Minuten sirupartig einkochen lassen. Den Spargel und 50 ml Wasser zugeben, den Deckel aufsetzen und 5 Minuten köcheln lassen.

- Dicke Bohnen und Frischkäse zugeben. Umrühren und ggf. weiteres Wasser zugeben. Rühren, bis der Käse geschmolzen ist. Dann sollten auch die Dicken Bohnen gar sein.

- Farfalle abgießen, etwas Kochflüssigkeit auffangen. Pasta wieder in den Topf geben. Die Gemüse-Käse-Sauce unterrühren, ggf. weitere Kochflüssigkeit zufügen und würzen.

- In tiefen Tellern anrichten und mit Schnittlauch bestreut servieren.

Spaghetti mit Spargel, Dicken Bohnen und Frischkäsepesto 400 g Spaghetti al dente garen. 150 g grüne Spargelspitzen und 125 g Dicke Bohnen aus dem Glas 3 Minuten vor Garende mit in den Topf geben. 50 g Frischkäse mit 2–3 EL grünem Pesto aus dem Glas verrühren. Pasta und Gemüse abgießen, dabei etwas Kochflüssigkeit auffangen, dann beides wieder in den Topf geben. Mit Frischkäsepesto vermengen, ggf. etwas Kochflüssigkeit hinzufügen, mit Salz und Pfeffer würzen und sofort servieren.

Farfalle mit Grillgemüse Eine Grillpfanne auf höchster Stufe erhitzen. 4 klein geschnittene Frühlingszwiebeln, 150 g Spargelspitzen und 125 g in feine Scheiben geschnittene dünne Porreestangen mit 1 EL Olivenöl mischen, dann die Hälfte in die Pfanne geben und 7–10 Minuten braten. Herausnehmen und warm halten, das restliche Gemüse darin braten. 400 g Farfalle al dente garen und etwas Kochflüssigkeit auffangen. Mit dem Grillgemüse und 1 guten Spritzer Zitronensaft sowie etwas Kochflüssigkeit mischen. 1 gute Handvoll geriebenen Parmesan untermengen und alles mit Salz und Pfeffer abschmecken. Die abgeriebene Schale von ½ unbehandelten Zitrone mit 1 fein gehackten Knoblauchzehe und 1 EL gehackten Petersilienblättern mischen und über die Pasta geben.

30 Penne caponata

Für 4 Personen

1 Aubergine, gewürfelt
4 EL Olivenöl
1 Zwiebel, in Scheiben geschnitten
1 Knoblauchzehe, klein geschnitten
2 Selleriestangen, klein geschnitten
75 g entsteinte große grüne Oliven
1 EL Kapern, abgespült und abgetropft
50 ml Weißweinessig
2 EL Zucker
400 g Kirschtomaten
400 g Penne
Salz und frisch gemahlener Pfeffer
1 EL zerzupfte Basilikumblätter zum Garnieren

- Den Backofen auf 190 °C vorheizen. Die Auberginenwürfel mit 2 EL Olivenöl mischen, auf ein Backblech geben und würzen. Im vorgeheizten Backofen in 20 Minuten garen und bräunen.

- In der Zwischenzeit die Sauce zubereiten. In einer großen Pfanne 2 EL Olivenöl erhitzen, Zwiebeln und Knoblauch darin 5 Minuten braten. Den Sellerie zugeben und in 5 Minuten weich dünsten. Oliven und Kapern, dann Essig, Zucker und Tomaten unterrühren. Aufkochen, dann bei schwacher Hitze 15 Minuten köcheln. Die gebackene Aubergine einige Minuten mit darin erwärmen und abschmecken.

- Die Penne in reichlich Salzwasser al dente garen. Abgießen, etwas Kochflüssigkeit auffangen, Penne wieder in den Topf geben. Mit der Sauce mischen, ggf. etwas Kochflüssigkeit zugeben.

- In tiefen Tellern anrichten und mit Basilikumblättern bestreut servieren.

---

1 Auberginen-Tomaten-Penne Den Backofengrill auf mittlerer Stufe vorheizen. 1 Aubergine in dünne Scheiben schneiden, mit 1 EL Olivenöl bestreichen und gut würzen. Unter dem vorgeheizten Backofengrill 3–5 Minuten von jeder Seite backen. 400 g Penne al dente garen. 1 EL Balsamico, ½ TL Zucker und 3 EL extra natives Olivenöl verrühren und würzen. Pasta abgießen und wieder in den Topf geben. Mit der Aubergine, 150 g halbierten Kirschtomaten und dem Dressing mischen und servieren.

2 Penne mit Schokoladencaponata Den Backofengrill auf 190 °C vorheizen. In einer großen Pfanne 2 EL Olivenöl erhitzen, je 1 klein geschnittene Zwiebel und Knoblauchzehe darin 5 Minuten braten. 75 g große entsteinte grüne Oliven und 1 EL abgespülte und abgetropfte Kapern, dann 50 EL Weinessig, 2 EL Zucker und 1 Dose gehackte Tomaten (400 g) unterrühren. Aufkochen und bei schwacher Hitze 15 Minuten köcheln. Abschmecken. 1 Aubergine in dünne Scheiben schneiden und diese mit 1 EL Olivenöl bestreichen, würzen und unter dem Backofengrill 3 Minuten von jeder Seite backen. Aubergine zur Sauce geben. Zur Verfeinerung 2 TL geriebene Zartbitterschokolade unterrühren. 400 g Penne al dente garen. Die abgegossene Pasta mit der Sauce vermengen und sofort servieren.

Ruote mit Hähnchen, Tomaten und Feta

Für 4 Personen

2 EL Olivenöl

2 Hähnchenbrüste ohne Haut und Knochen

1 TL Honig

Saft von 1 Zitrone

200 g Kirschtomaten

400 g Ruote

1 Handvoll gehackte Oreganoblätter

25 g Feta, zerbröckelt

Salz und frisch gemahlener Pfeffer

- Den Backofen auf 190 °C vorheizen. Die Hähnchenbrüste mit Olivenöl bestreichen, dann das Fleisch auf ein Backblech legen und würzen. Im vorgeheizten Backofen 12 Minuten backen bzw. so lange, bis die Hähnchenbrüste fast gar sind.

- Mit Honig und Zitronensaft beträufeln und die Tomaten mit auf das Backblech legen. Für weitere 5 Minuten in den Backofen schieben. Jetzt sollte das Fleisch gar sein.

- Die Pasta in reichlich Salzwasser al dente garen. Abgießen, etwas Kochflüssigkeit auffangen und die Ruote wieder in den Topf geben. Mit Zitronensaft, restlichem Olivenöl, Oregano sowie Salz und Pfeffer abschmecken.

- Hähnchen in kleine Stücke schneiden und mit Pasta und Tomaten mischen. Ggf. etwas Kochflüssigkeit unterrühren. In tiefen Tellern anrichten und mit Feta bestreut sofort servieren.

Tagliatelle mit Hähnchen, Tomaten und Feta 400 g Tagliatelle al dente kochen. 2 fertig gegarte Hähnchenbrüste ohne Haut klein schneiden und mit der Pasta mischen. 1 gute Handvoll abgetropfte sonnengereifte Tomaten in Öl zugeben und mit 1 EL Balsamico sowie Salz und Pfeffer abschmecken. Mit 1 EL gehackten Basilikumblättern und 25 g zerbröckeltem Feta bestreut servieren.

Tomaten-Feta-Pasta mit Grillhähnchen Den Backofengrill auf höchster Stufe vorheizen. 1 zerdrückte Knoblauchzehe, 1 Handvoll Oreganoblätter, Saft von ½ Zitrone und 3 EL extra natives Olivenöl mischen. 2 Hähnchenbrüste ohne Haut und Knochen darin 15 Minuten marinieren. Eine Grillpfanne auf höchster Stufe erhitzen und das Hähnchen darin von jeder Seite 5–7 Minuten braten. 200 g Kirschtomaten auf ein Backblech legen und mit 1 EL Olivenöl beträufeln. Unter dem vorgeheizten heißen Backofengrill 1–2 Minuten backen. 400 g Ruote al dente garen und abgießen. 50 g Feta mit 3 EL Crème fraîche verrühren und mit den Tomaten unter die Pasta rühren. Mit Salz und Pfeffer würzen. Hähnchen in Scheiben schneiden und auf die angerichtete Pasta legen. Mit 25 g Fetabröckchen bestreut servieren.

Walnuss-Spaghetti mit Paprika

Für 4 Personen

2 rote Paprika
2 EL Olivenöl
1 Schalotte, fein gehackt
1 Knoblauchzehe, fein gehackt
75 g Walnüsse
1 EL Granatapfelsirup oder Balsamico
zum Abschmecken
4 EL Frischkäse
400 g Spaghetti
1 Handvoll gehackte glatte Petersilienblätter
Salz und frisch gemahlener Pfeffer

- Den Backofengrill auf mittlerer Stufe vorheizen. Die Paprika mit 1 EL Olivenöl bestreichen und 10 Minuten grillen, bis die Haut schwarz wird, zwischendurch wenden. Paprika in einen Gefrierbeutel legen, diesen verschließen und die Paprika 5 Minuten abkühlen lassen. Dann die Haut abziehen. Die Paprika halbieren, entkernen und in Streifen schneiden. Beiseitestellen.

- In einer Pfanne das übrige Olivenöl erhitzen und Schalotte und Knoblauch darin 3–5 Minuten braten. Die Walnüsse in einer zweiten Pfanne ohne Fett 3 Minuten rösten. Die Schalottenmischung und die Walnüsse (einige zum Garnieren beiseitelegen) mit Granatapfelsirup oder Balsamico im Mixer zu einer sämigen Paste verarbeiten. Frischkäse unterrühren und würzen.

- Die Spaghetti in reichlich Salzwasser al dente garen. Abgießen, etwas Kochflüssigkeit auffangen, Pasta wieder in den Topf geben. Mit der Nusspaste verrühren, ggf. Kochflüssigkeit zufügen. Paprika und Petersilie untermengen. Auf flachen Tellern anrichten und mit den restlichen Nüssen bestreut servieren.

Spaghetti mit Paprika-Walnuss-Sauce
400 g Spaghetti al dente garen und abgießen. 75 g Walnüsse, 1 fein gehackte Knoblauchzehe und 1 EL Frischkäse mit 2 gerösteten Paprika aus dem Glas und 1 Handvoll gehackten Basilikumblättern im Mixer zu einer Sauce verarbeiten. Mit Salz und Pfeffer würzen. Mit den Spaghetti mischen und mit 1 EL gehackten Walnüssen bestreut servieren.

Walnuss-Spaghetti mit Muscheln
Den Backofengrill auf mittlerer Stufe vorheizen. 1 rote Paprika mit 1 EL Olivenöl bestreichen und 10 Minuten grillen, bis die Haut schwarz wird, zwischendurch wenden. Paprika in einen Gefrierbeutel legen, diesen verschließen und die Paprika 5 Minuten abkühlen lassen. Dann die Haut abziehen. Die Paprika halbieren, entkernen und fein hacken. In einem großen Topf 1 EL Olivenöl erhitzen, 1 gehackte Schalotte und 2 gehackte Knoblauchzehen darin weich dünsten. Mit 100 ml trockenem Weißwein und 100 ml Fischbrühe ablöschen und das Ganze 10 Minuten köcheln. 450 g gesäuberte Muscheln ohne Bärte in den Topf geben, den Deckel aufsetzen und 5 Minuten köcheln, bis sich die Muscheln geöffnet haben. Geschlossene Muscheln wegwerfen. Muscheln aus dem Topf nehmen. 400 g Spaghetti al dente garen und abgießen. 75 g Walnüsse hacken und mit 4 EL Frischkäse und der Paprika zur Pasta geben. Gut umrühren, würzen und Muscheln untermischen. Mit Petersilienblättern bestreuen.

30 Butternusskürbis-Muschel-Tripoline mit Chili und Weißwein

Für 4 Personen

400 g Butternusskürbis, geschält, entkernt, gewürfelt

2 EL Olivenöl

400 g Tripoline

1 Zwiebel, fein gehackt

2 Knoblauchzehen, fein gehackt

1 rote Chili, entkernt, fein gehackt

75 ml trockener Weißwein

500 g Muscheln ohne Bart, gesäubert

Salz und frisch gemahlener Pfeffer

1 EL gehackte Korianderblätter zum Garnieren

- Den Backofen auf 200 °C vorheizen. Den Kürbis mit 1 EL Olivenöl mischen und gut würzen. Im vorgeheizten Backofen 15 Minuten backen. Wenden und weitere 10 Minuten garen, bis der Kürbis leicht gebräunt ist.

- Tripoline in reichlich Salzwasser al dente garen.

- In einem großen Topf 1 EL Olivenöl erhitzen, Zwiebeln, Knoblauch und Chili darin einige Minuten anbraten. Mit Wein ablöschen und aufkochen. Bei schwacher Hitze 1–2 Minuten köcheln. Die Muscheln zugeben und zugedeckt 5 Minuten garen, bis sie sich geöffnet haben. Ungeöffnete Muscheln wegwerfen.

- Die Pasta abgießen und wieder in den Topf geben. Kürbis und Muscheln mit allen Kochflüssigkeiten zugeben. Gut würzen.

- In tiefen Tellern anrichten und mit gehackten Korianderblättern bestreut servieren.

 Butternusskürbis-Penne mit Muscheln 400 g Penne und 400 g geschälten, entkernten, gewürfelten Butternusskürbis 10 Minuten in kochendem Wasser garen. Abgießen, wieder in den Topf geben und mit 200 g gegarten Muscheln, 1 Spritzer Zitronensaft und 1 Prise getrockneten Chiliflocken vermengen, würzen und mit 1 EL gehackten Korianderblättern bestreut servieren.

 **Tripoline in Butternusskürbissauce mit Ziegenkäse** In einer großen Pfanne 1 EL Olivenöl erhitzen, 400 g geschälten, entkernten und gewürfelten Butternusskürbis bei schwacher Hitze in 12–15 Minuten darin weich dünsten. Im Mixer zu einem Püree verarbeiten. In einer Pfanne 1 EL Olivenöl erhitzen und 1 fein gehackte Zwiebel darin weich dünsten. Dann Kürbis, 75 g Crème fraîche und so viel Wasser zugeben, dass eine Sauce entsteht. Mit Salz und Pfeffer würzen. 400 g Tripoline al dente garen und abgießen. Mit der Sauce vermengen und mit je 1 EL zerbröckeltem Ziegenkäse und gehackten glatten Petersilienblättern bestreut servieren.

Gnocchi mit Lachs in Chili-Tomaten-Sauce

Für 4 Personen

250 g Lachsfilet

2 EL Olivenöl

1 Zwiebel, fein gehackt

2 Knoblauchzehen, fein gehackt

1 TL Tomatenmark

1–2 EL süße Chilisauce aus dem
  Glas

1 Dose gehackte Tomaten (400 g)

400 g Gnocchi (aus Hartweizen)

Salz und frisch gemahlener Pfeffer

1 EL Basilikumblätter zum Garnieren

• Den Backofen auf 190 °C vorheizen. Das Lachsfilet mit 1 EL Olivenöl bestreichen und würzen. Auf ein Backblech legen und im vorgeheizten Backofen 12–15 Minuten backen bzw. so lange, bis der Fisch gar ist.

• In der Zwischenzeit in einem Topf 1 EL Öl erhitzen, Zwiebeln und Knoblauch darin in einigen Minuten weich dünsten. Das Tomatenmark, dann Chilisauce und Tomaten einrühren. Aufkochen, würzen und bei schwacher Hitze bis zum Servieren sanft köcheln lassen.

• Die Gnocchi in reichlich Salzwasser al dente garen. Abgießen, etwas Kochflüssigkeit auffangen, Gnocchi wieder in den Topf geben. Die Tomatensauce unterrühren, ggf. etwas Kochflüssigkeit zufügen. Den Fisch vorsichtig auseinanderzupfen, Haut und Gräten dabei entfernen und das Fleisch zur Pasta geben.

• Anrichten und mit Basilikumblättern bestreut servieren.

 Gnocchi mit Chilitomaten und Lachs

400 g Gnocchi al dente garen und abgießen. 200 g halbierte Kirschtomaten mit 3 EL süßer Chilisauce aus dem Glas und 1 Handvoll gehackten Basilikumblättern mischen und unter die Gnocchi rühren. Abschmecken und 2 heiß geräucherte Lachsfilets klein schneiden und untermengen. Sofort servieren.

 **Ditalini-Salat mit Lachs, Tomaten und Chili** 300 g Ditalini garen, abgießen, kalt abschrecken und abtropfen lassen. 1 Lachsfilet (200 g) in einer Pfanne mit etwa gleich viel Weißwein und Fischbrühe bedecken. Den Lachs bei niedriger Temperatur in 15 Minuten pochieren. Haut und Gräten entfernen und das Fleisch mit einer Gabel zerrupfen. In einer

Schüssel 1 Spritzer Zitronensaft, 1 entkernte, gehackte Chili und 3 EL extra natives Olivenöl verrühren. 3 reife Tomaten entkernen und hacken. ½ Salatgurke dünn hobeln. Alle Zutaten in eine große Servierschüssel geben, mischen, würzen und mit 1 EL gehackten Korianderblättern bestreut servieren.

Sommergemüse-Tortiglioni mit Basilikumvinaigrette

Für 4 Personen

2 EL Olivenöl

1 rote Paprika, entstielt, entkernt, in Streifen geschnitten

1 Aubergine, in Scheiben geschnitten

1 Zucchini, in Scheiben geschnitten

150 g kleine Pflaumentomaten, halbiert

400 g Tortiglioni

25 g geröstete Pinienkerne zum Bestreuen

Für die Vinaigrette

1 EL Weißweinessig

½ TL Dijon-Senf

2 EL extra natives Olivenöl

1 gute Handvoll fein gehackte Basilikumblätter

Salz und frisch gemahlener Pfeffer

- Das Olivenöl auf Paprika, Aubergine, Zucchini und Tomaten streichen und alles gut würzen. Das Gemüse in einer hoch erhitzten Grillpfanne portionsweise weich braten.

- In der Zwischenzeit die Tortiglioni in reichlich Salzwasser al dente garen. Abgießen, etwas Kochflüssigkeit auffangen.

- In einer Schüssel für die Vinaigrette Essig und Senf verrühren. Langsam das Olivenöl zugeben, dabei die ganze Zeit rühren, bis eine cremige Vinaigrette entsteht. Würzen und Basilikumblätter unterrühren. Alternativ die Vinaigrette im Mixer anrühren.

- Pasta wieder in den Topf geben. Etwas von der Vinaigrette und das Gemüse untermengen, ggf. etwas Kochflüssigkeit zugeben.

- In tiefen Tellern anrichten, die restliche Vinaigrette darüberträufeln und mit Pinienkernen bestreut servieren.

Grillgemüse-Penne

400 g Penne al dente garen. 2 EL Olivenöl auf die Scheiben je 1 Aubergine und Paprika streichen, gut würzen. Das Gemüse in einer hoch erhitzten Grillpfanne portionsweise weich braten. 50 g weichen Ziegenkäse und 3 EL grünen Pesto aus dem Glas verrühren. Aubergine und Paprika hacken, mit dem Käse unter die Pasta mischen. Sofort servieren.

Tortiglioni mit Ratatouillesauce

1 rote Paprika entstielen und entkernen. 1 Aubergine und 1 Zucchini in Scheiben schneiden und 150 g kleine Pflaumentomaten halbieren. Das Gemüse in Stücke hacken. Etwas Olivenöl in einer Pfanne erhitzen und das Gemüse darin portionsweise braten. In der Zwischenzeit in einem Topf 2 EL Olivenöl erhitzen, 1 fein gehackte Zwiebel und 1 fein gehackte Knoblauchzehe darin weich dünsten. 100 ml trockenen Weißwein zugießen und 5 Minuten köcheln lassen. Dann 1 Dose gehackte Tomaten (400 g) zugeben und weitere 10 Minuten köcheln. Topf vom Herd nehmen und das Ganze mit einem Stabmixer verarbeiten, dann das Gemüse zugeben. Topf wieder auf den Herd stellen und 10 Minuten köcheln, abschmecken und 1 gute Handvoll fein gehackte Basilikumblätter zugeben. 400 g Tortiglioni al dente garen und abgießen, mit der Gemüsesauce mischen und mit 25 g gerösteten Pinienkernen garniert servieren.

Pappardelle mit Fenchel und Oliven

Für 4 Personen

3 EL Olivenöl

1 Fenchelknolle, in dünne Scheiben geschnitten

1 rote Zwiebel, in dünne Scheiben geschnitten

2 Knoblauchzehen, klein geschnitten

1 unbehandelte Orange

75 ml trockener Weißwein

50 g entkernte schwarze Oliven

400 g Pappardelle

Salz und frisch gemahlener Pfeffer

1 EL gehackte Basilikumblätter zum Bestreuen

- In einem Topf das Olivenöl erhitzen und Fenchel, Zwiebeln und Knoblauch darin bei schwacher Hitze 10 Minuten dünsten. Mit einem scharfen Messer einen Streifen Orangenschale abschneiden und mit dem Wein in den Topf geben. Aufkochen und bei mittlerer Hitze die Oliven hinzufügen. Etwa 10 Minuten köcheln lassen, ggf. etwas Wasser zugießen.

- In der Zwischenzeit die Pasta in reichlich Salzwasser al dente garen. Abgießen, etwas Kochflüssigkeit auffangen. Die Orangenschale aus der Sauce nehmen. Pasta mit der Sauce mischen, würzen und ggf. mit etwas Kochflüssigkeit verdünnen.

- In tiefen Tellern anrichten und mit fein abgeriebener Orangenschale und Basilikumblättern bestreut servieren.

Fenchel-Wermut-Pappardelle 400 g Pappardelle al dente garen. In einer Pfanne 1 EL Olivenöl erhitzen und 1 fein gewürfelte Fenchelknolle und 1 gehackte Knoblauchzehe in 3 Minuten darin goldgelb braten. 50 ml Wermut zugießen und verkochen lassen, dann den Saft von ½ Orange zugießen. Pasta abgießen und wieder in den Topf geben. Mit 50 g entsteinten schwarzen Oliven, 1 Handvoll gehackten Basilikumblättern und der Sauce vermengen und gut würzen. Sofort servieren.

Gegrillter Schwertfisch mit Fenchel-Oliven-Penne-Salat Den Backofengrill auf höchster Stufe vorheizen. 1 Fenchelknolle in dicke Scheiben schneiden. Mit 1 EL Olivenöl bestreichen, dann unter dem vorgeheizten Backofengrill alle Scheiben jeweils 3 Minuten von beiden Seiten grillen. Abkühlen lassen. 400 g Penne al dente garen. Abgießen, kalt abschrecken und abtropfen lassen. 4 Schwertfischsteaks mit 1 EL Olivenöl bestreichen und unter dem vorgeheizten Grill von jeder Seite 5–7 Minuten backen. In mundgerechte Stücke teilen. Mit Pasta, Fenchel, 50 g entsteinten schwarzen Oliven, 5 gehackten Tomaten, 2 EL extra nativem Olivenöl und der abgeriebenen Schale von 1 unbehandelten Orange mischen und mit Salz und Pfeffer würzen. Dazu die Steaks servieren.

Penne mit Brokkoli, Chili und Knoblauch

Für 4 Personen

1 Brokkoli
3 EL Olivenöl
4 Knoblauchzehen, klein geschnitten
1 rote Chili, entkernt, klein geschnitten
400 g Vollkorn-Penne
Saft und Schale von ½ unbehandelten
  Zitrone
Salz und frisch gemahlener Pfeffer

- Den Backofen auf 190 ˚C vorheizen. Den Brokkoli in kleine Röschen teilen, auf ein Backblech legen und mit 2 EL Olivenöl beträufeln. Gut würzen. Im vorgeheizten Backofen in 20 Minuten weich garen. Die Röschen sind dann leicht gebräunt.

- Knoblauch und Chili mit auf das Blech geben, wieder in den Backofen schieben und 2 Minuten weiterbacken.

- In der Zwischenzeit die Penne in reichlich Salzwasser al dente garen. Abgießen und wieder in den Topf geben. Mit Zitronenschale und -saft, Salz und Pfeffer abschmecken.

- Brokkoli, Knoblauch und Chili untermengen und das restliche Olivenöl unterrühren. Sofort servieren.

 Penne und Brokkoli mit Chili-Knoblauch-Öl
400 g Penne al dente garen. Röschen von 1 Brokkoli 4–5 Minuten vor Ende der Garzeit mit in den Topf geben. In einer Pfanne 3 EL Öl erhitzen und 1 entkernte, klein geschnittene rote Chili, 4 klein geschnittene Knoblauchzehen und die abgeriebene Schale von 1 unbehandelten Zitrone 1–2 Minuten dünsten. Pasta und Brokkoli abgießen und wieder in den Topf geben. Mit dem Würzöl und 1 Spritzer Zitronensaft mischen, abschmecken und sofort servieren.

 **Penne mit gebräuntem Knoblauch-Chili-Brokkoli** 400 g Penne al dente garen und abgießen. Röschen von 1 Brokkoli 2 Minuten in kochendem Wasser blanchieren, gut abtropfen lassen und trocken tupfen. Brokkoli mit 1 EL Olivenöl, 1 zerdrückten Knoblauchzehe und 1 Prise getrockneten Chiliflocken mischen. Eine Grillpfanne erhitzen, Brokkoli hineingeben und einige Minuten darin anbräunen. Mit der Pasta und 1 Spritzer Zitronensaft vermengen, mit Salz und Pfeffer würzen und sofort servieren.

Käse-Makkaroni mit Tomaten

Für 4 Personen

400 g Makkaroni
2 EL Maismehl
500 ml Milch
250 g Seidentofu
150 g Cheddar, gerieben
15 g Parmesan, gerieben
1 große Tomate, in Scheiben geschnitten
Salz und frisch gemahlener Pfeffer

- Die Makkaroni in reichlich Salzwasser al dente garen. Den Backofen auf 190 °C vorheizen.

- In der Zwischenzeit in einem großen Topf das Maismehl mit 4 EL Milch glattrühren. Nach und nach die restliche Milch unterrühren, dann aufkochen lassen und köcheln, bis die Sauce eine sämige Konsistenz hat.

- Den Tofu in einer Küchenmaschine zu einer glatten Paste verarbeiten. Zur Sauce geben und verrühren. Dann zwei Drittel der Käsesorten hinzufügen, unterrühren und abschmecken.

- Die Pasta abgießen, dann in die Sauce rühren und abschmecken. Das Ganze in eine Auflaufform füllen und mit restlichem Käse bestreuen. Die Tomatenscheiben darauf verteilen.

- Im vorgeheizten Backofen in 15 Minuten goldgelb und knusprig backen.

Käse-Tomaten-Pasta

400 g Chifferi garen, abgießen und etwas Kochflüssigkeit auffangen. 6 EL Frischkäse und 1 gute Handvoll geriebenen Parmesan in einer Schüssel verrühren. Mit der Pasta vermengen, ggf. etwas Kochflüssigkeit unterrühren und mit Salz und Pfeffer abschmecken. Mit 2 gehackten reifen Tomaten bestreut servieren.

Makkaroni-Käse-Tomaten-Gratin

Den Backofengrill auf mittlerer Stufe vorheizen. 400 g Makkaroni al dente garen. In einem Topf 2 EL Maismehl mit 4 EL Milch glattrühren. Sukzessive 500 ml Milch unterrühren, aufkochen lassen und köcheln, bis die Sauce eine sämige Konsistenz hat. 250 g Seidentofu in einer Küchenmaschine zu einer glatten Paste verarbeiten. Mit 150 g geriebenem Cheddar und 15 g geriebenem Parmesan zur Sauce geben, gut unterrühren und abschmecken. 5 gehackte Tomaten, 1 EL Olivenöl und 1 Handvoll gehackte Basilikumblätter unterheben. In eine Auflaufform füllen, mit 1 Handvoll frischen Semmelbröseln und 1 EL geriebenem Parmesan bestreuen. Unter dem vorgeheizten Backofengrill in 5–7 Minuten goldbraun backen.

QuickPasta

Kochen für Freunde

Rezepte nach Zubereitungszeit

3⊗

2⊗

Venusmuschel-Tomaten-Brühe

Für 4 Personen

150 g Tomaten
2 EL Olivenöl
2 Knoblauchzehen, fein gehackt
150 ml trockener Weißwein
2 l Hühner- oder Fischbrühe
5 sonnengetrocknete Tomaten in Öl,
 abgetropft und fein gehackt
200 g Anellini
1 kg Venusmuscheln, gesäubert
Salz und frisch gemahlener Pfeffer
1 EL gehackte glatte Petersilienblätter
 zum Garnieren

- Die Tomaten kreuzweise einschneiden, in eine hitzefeste Form legen und mit kochendem Wasser übergießen. 1–2 Minuten ziehen lassen, dann herausnehmen, häuten, halbieren, entkernen und grob hacken.

- In einem Topf das Öl erhitzen und den Knoblauch darin 30 Sekunden anbraten, bis er goldgelb ist. Den Wein zugießen, 5 Minuten köcheln und leicht reduzieren. Die Brühe hinzufügen und aufkochen lassen. Frische und getrocknete Tomaten zugeben, würzen und 5 Minuten köcheln.

- Die Pasta und Venusmuscheln in den Topf geben und zugedeckt 5 Minuten köcheln, bis die Pasta gar ist und die Muscheln sich geöffnet haben. Geschlossene Muscheln herausnehmen und wegwerfen. Abschmecken.

- In tiefen Suppenschalen anrichten und mit Petersilienblättern bestreut servieren. Dazu Zitronenspalten und Brot reichen.

 Spaghetti mit Venusmuscheln In einem großen Topf 1 EL Olivenöl erhitzen, 1 fein gehackte Knoblauchzehe und 1 gehackte rote Chili zugeben und in 1 Minute weich dünsten. 75 ml Weißwein zugießen und 1 kg gesäuberte Venusmuscheln zugeben. Zugedeckt 5 Minuten garen, bis die Muscheln geöffnet sind, geschlossene Muscheln wegwerfen. In der Zwischenzeit 400 g Spaghetti al dente garen. Abgießen und wieder in den Topf geben. Mit Muscheln, Sud, 3 EL Crème fraîche und 1 Handvoll gehackter glatter Petersilienblätter vermengen, abschmecken und servieren.

 **Linguine mit gegrillten Venusmuscheln** Den Backofengrill auf mittlerer Stufe vorheizen. In einer Pfanne 1 EL Öl erhitzen, 1 in feine Scheiben geschnittene Schalotte und 1 entkernte, gehackte rote Chili in wenigen Minuten darin weich garen. 75 ml trockenen Weißwein und 1 Prise Safranfäden zugeben. 5 Minuten köcheln und reduzieren lassen. Mit Salz und Pfeffer würzen. 200 ml Muschelsaft aus dem Glas zugießen und weitere 10 Minuten köcheln. 1 kg gesäuberte Muscheln für 5–7 Minuten zugeben. Sobald sie geöffnet sind, auf ein Backblech legen und etwas Knoblauchbutter daraufgeben. Geschlossene Muscheln wegwerfen. Die Muscheln unter dem vorgeheizten Grill weitere 5 Minuten backen, bis die Butter zerlaufen ist. 400 g Linguine al dente garen. Abgießen und mit der Sauce mischen. Mit den gegrillten Muscheln servieren.

Thunfisch-Sashimi-Linguine mit Rucola

Für 2 Personen

150 g frische Thunfischsteaks

200 g Linguine

3 EL extra natives Olivenöl zzgl.
  Olivenöl zum Beträufeln

Saft von ½ Zitrone

50 g Rucola

Salz und frisch gemahlener Pfeffer

20 g Parmesanhobel zum Bestreuen

- Den Thunfisch in Frischhaltefolie wickeln und 20 Minuten in das Tiefkühlfach des Kühlschranks legen. Anschließend auswickeln und mit einem scharfen Messer in sehr dünne Scheiben schneiden.

- In der Zwischenzeit die Linguine in reichlich Salzwasser al dente kochen. Abgießen und wieder in den Topf geben. Mit Thunfisch und je 1 EL Olivenöl und Zitronensaft mischen.

- Aus dem Rucola sowie dem restlichen Zitronensaft und 2 EL Olivenöl einen Salat zubereiten und würzen.

- Pasta in flachen Tellern anrichten, den Rucolasalat daraufgeben und mit reichlich frisch gemahlenem schwarzem Pfeffer bestreuen. Den Parmesan darauf verteilen und mit Olivenöl beträufeln.

 Linguine mit Thunfisch und Rucola

200 g Linguine al dente garen. In der Zwischenzeit 1 Eigelb, Saft und abgeriebene Schale von 1 unbehandelten Zitrone und 1 zerdrückte Knoblauchzehe mischen. Pasta abgießen und wieder in den Topf geben. Eimischung, dann 160 g in Stücke gezupften Thunfisch aus der Dose, 1 Handvoll abgespülte Kapern und 50 g Rucola unterrühren. Würzen und sofort servieren.

 **Linguine mit gebratenem Thunfisch und Rucola** 200 g Linguine al dente garen und abgießen. Ein großes Thunfischsteak mit 1 EL Olivenöl bestreichen und in einer heißen Grillpfanne 3–5 Minuten von jeder Seite braten. Einige Minuten ruhen lassen, dann in dicke Scheiben schneiden. 50 g Rucola mit je 1 EL Zitronensaft und Olivenöl mischen. Mit dem Thunfisch unter die Pasta heben, mit Salz und Pfeffer würzen und mit 20 g gehobeltem Parmesan bestreut servieren.

Frische Krebs-Vermicelli

Für 4 Personen

400 g Vermicelli
250 g frisches weißes Krebsfleisch
6 EL Crème fraîche
Saft und abgeriebene Schale von
  ½ unbehandelten Zitrone
1 rote Chili, entkernt, fein gehackt
1 Handvoll fein gehackte glatte Petersilienblätter
Salz und frisch gemahlener Pfeffer

- Die Vermicelli in reichlich Salzwasser al dente garen. Abgießen, dabei etwas Kochflüssigkeit auffangen und die Pasta wieder in den Topf geben.

- Die übrigen Zutaten unterrühren, ggf. mit etwas Kochflüssigkeit verdünnen und würzen. Sofort servieren.

2 Krebs-Prosciutto-Vermicelli In einer Pfanne 1 EL Olivenöl erhitzen und 1 fein gehackte Schalotte darin bei schwacher Hitze weich dünsten. 1 klein geschnittene Knoblauchzehe zugeben und 1 weitere Minute braten. 150 g gewürfelten Parmaschinken zufügen und bei mittlerer Hitze goldbraun braten. Mit 100 ml trockenen Weißwein ablöschen. Dann 6 EL Crème fraîche und 250 g frisches weißes Krebsfleisch unterrühren. Mit Salz und Pfeffer würzen. 400 g Vermicelli al dente kochen und abgießen, mit der Sauce mischen und servieren.

3 Pasta mit Krebssauce 1 kg Krebse in 1 l Gemüsebrühe und 150 ml trockenem Weißwein etwa 15–20 Minuten garen. Abkühlen lassen und 400 g Capelli d'angelo al dente garen. Krebsscheren aufbrechen. Mit der Messerspitze auf der Unterseite des gesamten Panzers einstechen und diesen nach oben hebeln, mit den Fingern seitlich auf den Panzer drücken, um das Fleisch zu lockern. Panzer abziehen und das Schwanzfleisch herauslösen. In einer Pfanne 40 g Butter erhitzen, 1 gehackte Schalotte darin andünsten. 2 EL vom braunen Krebsfleisch, dann 50 ml Weißwein oder reduzierte Pochierflüssigkeit zugeben und einige Minuten köcheln. 6 EL Crème fraîche und das übrige Krebsfleisch unterrühren. Mit Salz und Pfeffer würzen. Die Pasta abgießen und mit der Krebssauce mischen und sofort servieren.

Riccioli in Pilzsauce mit Parmaschinken

Für 6 Personen

25 g Butter

1 EL Olivenöl

1 Schalotte, fein gehackt

1 kleine Knoblauchzehe, zerdrückt

75 ml trockener Weißwein

50 ml heiße Hühnerbrühe

125 g Sahne

25 g geriebener Parmesan zzgl.
Parmesan zum Bestreuen

6 Scheiben Parmaschinken

400 g gemischte Wildpilze, geputzt
und ggf. halbiert

600 g Riccioli al Barolo

1 Handvoll fein geschnittene frische
Basilikumblätter zum Garnieren

Salz und frisch gemahlener Pfeffer

- In einem Topf jeweils die Hälfte der Butter und des Olivenöls erhitzen und die Schalotte und den Knoblauch darin einige Minuten dünsten. Den Wein zugießen und so lange sirupartig einkochen, bis nur noch wenig Flüssigkeit im Topf ist. Die Brühe zugießen und weitere 5 Minuten köcheln, dann Sahne und Parmesan unterrühren, würzen und warm halten.

- In einer Pfanne die übrige Butter und das übrige Olivenöl erhitzen und den Parmaschinken darin 1–2 Minuten braten. Aus der Pfanne nehmen und beiseitestellen. Die Pilze in dieselbe Pfanne geben und 3–5 Minuten braten. In die Sauce rühren.

- In der Zwischenzeit die Pasta in reichlich Salzwasser al dente garen. Abgießen, etwas Kochflüssigkeit auffangen. Pasta mit der Sauce mischen, ggf. mit etwas Kochflüssigkeit verdünnen.

- In tiefen Tellern anrichten, den Parmaschinken darauf verteilen und mit Parmesan und Basilikumblättern bestreut servieren.

Pestopilzpasta
600 g Riccioli al barolo al dente garen. 400 g geputzte gemischte Wildpilze in 1 EL Olivenöl weich dünsten. Pasta abgießen und wieder in den Topf geben. Pilze und 6 EL grünes Pesto aus dem Glas unterrühren, abschmecken. Mit gerösteten Pinienkernen bestreut servieren.

Wildpilz-Porree-Riccioli Den Backofengrill auf höchster Stufe vorheizen. In einer Pfanne 1 EL Olivenöl erhitzen, 150 g Pancettawürfel darin bei hoher Hitze in 5 Minuten knusprig braten. Hitze reduzieren und 4 geputzte und in Scheiben geschnittene Porreestangen, 1 EL gehackte Thymianblätter und 1 Spritzer Wasser zugeben und das Ganze 15 Minuten köcheln, bis der Porree leicht karamellisiert ist. 5 EL Sahne und 100 g gewürfelten Taleggio unterrühren. Mit Salz und Pfeffer würzen. 400 g geputzte gemischte Wildpilze mit 1 EL Olivenöl beträufeln und in einer Grillpfanne unter dem vorgeheizten heißen Backofengrill 5 Minuten garen. 600 g Riccioli al Barolo al dente garen, mit Pilzen und Porreesauce mischen und sofort servieren.

Tacconelli in Wodkasauce mit Pancetta

Für 4 Personen

15 g Butter
8 Scheiben Pancetta
1 Rosmarinzweig
75 ml Wodka
350 ml Tomatensauce aus dem Glas
400 g Tacconelli
150 g Sahne
Salz und frisch gemahlener Pfeffer
40 g geriebener Parmesan zum Bestreuen

- In einem Topf die Butter erhitzen, den Pancetta zugeben und in
  3 Minuten knusprig braten. Herausnehmen und warm halten. Den
  Rosmarinzweig zugeben und den Wodka zugießen. Bei hoher Temperatur so lange kochen, bis der Wodka auf 1 EL reduziert ist. Die
  Tomatensauce einrühren und das Ganze bei schwacher Hitze
  10 Minuten köcheln lassen.

- In der Zwischenzeit die Tacconelli in reichlich Salzwasser al dente
  garen.

- Den Rosmarin aus der Sauce nehmen, die Sahne unterrühren.
  Pasta abgießen, etwas Kochflüssigkeit auffangen, Pasta wieder in
  den Topf geben. Mit der Sauce vermengen, ggf. etwas Kochflüssigkeit zugeben und würzen.

- In tiefen Tellern anrichten, Pancetta drauflegen und mit Parmesan
  bestreut servieren.

1 **Penne mit Tomaten-Wodka-Sauce** 400 g frische Penne al dente garen. In einer Pfanne 1 EL Öl erhitzen und 3 EL Tomatenmark 30 Sekunden darin unter Rühren anbraten. 100 g halbierte kleine Pflaumentomaten und 2 EL Wodka zugeben und einige Minuten köcheln, bis die Tomaten weich werden, dann 150 g Sahne unterrühren. Mit Salz und Pfeffer würzen. Die Sauce mit der abgegossenen Pasta mischen und servieren.

3 **Grilltomaten-Wodka-Penne** Den Backofen auf 150 °C vorheizen. 150 g kleine Pflaumentomaten halbieren und in eine Bratform legen, mit 1 EL Olivenöl beträufeln und würzen. Im vorgeheizten Backofen 20–25 Minuten backen, bis sie leicht gebräunt sind. 400 g Penne al dente garen. In einem kleinen Topf 50 ml Wodka erhitzen und auf 1 EL einkochen. 75 g Sahne zugießen und 25 g geriebenen Parmesan unterrühren. Mit Salz und Pfeffer würzen. Pasta abgießen und wieder in den Topf geben. Mit der Sauce, den Tomaten und 1 Handvoll gehackten Basilikumblättern mischen und sofort servieren.

Lachs-Zucchini-Pasta

Für 4 Personen

150 ml trockener Weißwein
150 g Crème fraîche
1 Spritzer Zitronensaft
1 Handvoll gehackter Dill
12 Lasagneblätter
2 Zucchini
4 heiß geräucherte Lachsfilets
3 Frühlingszwiebeln, klein geschnitten
Salz und frisch gemahlener Pfeffer

- In einem kleinen Topf den Wein aufkochen und in 5 Minuten zu einem Sirup einkochen. Crème fraîche, Zitronensaft und gut zwei Drittel des Dills zugeben. Würzen und gut durchrühren.

- In der Zwischenzeit die Lasagneblätter in reichlich Salzwasser in ca. 3–5 Minuten al dente kochen. Abgießen. Die Zucchini putzen und mit einem Sparschäler der Länge nach in dünne Streifen schneiden.

- Alle Lasagneblätter in unregelmäßig große Stücke schneiden und in eine Schüssel geben. Den Lachs in große Stücke teilen.

- Lachs und Pasta mit Zucchinibändern auf flachen Tellern anrichten, die Sauce darübergießen und das Ganze mit Frühlingszwiebeln und dem restlichen Dill bestreut servieren.

Fettuccine mit Zucchini, Spargel und Lachs
400 g Fettuccine al dente garen. 200 g Spargelspitzen 3 Minuten vor Garende zugeben und weich garen. Abgießen und wieder in den Topf geben. 2 zerteilte heiß geräucherte Lachsfilets untermengen, dann die abgeriebene Schale von 1 unbehandelten Zitrone und 100 g Crème fraîche unterrühren, gut würzen. 2 Zucchini mit einem Sparschäler der Länge nach in dünne Streifen schneiden und die Pasta mit Zucchinistreifen belegt servieren.

Zucchini-Lachs-Lasagne Den Backofen auf 200 °C vorheizen. 12 frische Lasagneblätter al dente garen. In einem kleinen Topf 150 ml trockenen Weißwein aufkochen und in 5 Minuten zu einem Sirup einkochen. 150 g Crème fraîche, 1 Spritzer Zitronensaft und ⅔ Handvoll gehackten Dill zugeben. Würzen und gut durchrühren, dann 2 geriebene Zucchini und 2 zerkleinerte heiß geräucherte Lachsfilets unter die Sauce rühren. Sauce und Lasagne schichtartig in eine Auflaufform geben, die letzte Schicht sollte aus Lasagne bestehen. 200 g Crème fraîche mit 100 g Ricotta verrühren und mit etwas Milch verdünnen. Über die Lasagne gießen, alles mit 25 g geriebenem Parmesan bestreuen und im vorgeheizten Backofen in 15 Minuten backen.

30 Tomaten-Ziegenkäse-Ravioli mit Basilikumöl

Für 2 Personen

1 große Rolle frischer Pastateig

Mehl für die Arbeitsfläche und das
   Backblech

1 Eigelb zum Bestreichen

Für die Füllung

150 g weicher Ziegenkäse

100 g Mascarpone

3 sonnengereifte Tomaten in Öl,
   abgetropft und fein gehackt

Salz und frisch gemahlener Pfeffer

Für das Basilikumöl

50 g Basilikumblätter

75 ml extra natives Olivenöl

- In einer Schüssel die Zutaten für die Füllung verrühren, gut würzen.

- Für das Basilikumöl in der Küchenmaschine Basilikumblätter und Öl vermengen, dann durch ein Sieb passieren, sodass ein grünes Öl entsteht.

- Den Pastateig auf einer leicht bemehlten Arbeitsfläche ausrollen. Mit einer runden Ausstechform (5 cm Durchmesser) 24 Kreise aus dem Teig ausstechen. Jeweils 1 gehäuften EL von der Füllung in die Mitte der Teigkreise setzen und die Ränder mit etwas Eigelb bestreichen. Die Ränder eines zweiten Teigkreises mit Eigelb bestreichen und dann auf einen gefüllten Teigkreis setzen und fest andrücken. Dabei mit den Fingern gleich mögliche Luftblasen herausdrücken. Die Ravioli auf ein leicht mit Mehl bestäubtes Backblech legen.

- Ravioli in reichlich Salzwasser 3 Minuten garen. Mit einem Schaumlöffel aus dem Topf nehmen und auf einem Servierteller anrichten. Mit dem Basilikumöl beträufeln und sofort servieren.

 Käse-Tortellini mit Tomaten-Basilikum-Pesto

1 Handvoll Basilikumblätter, 25 g gerösteter Pinienkerne, 5 abgetropfte sonnengereifte Tomaten in Öl, 15 g geriebenen Parmesan und 3 EL Olivenöl im Mixer zu einem Pesto verarbeiten. 250 g Käse-Tortellini garen. Abgießen und wieder in den Topf geben. Mit dem Pesto vermengen, abschmecken und sofort servieren.

 **Penne mit Tomatensauce und Ziegenkäse**

In einer Pfanne 1 EL Olivenöl erhitzen, 1 gehackte Zwiebel darin bei schwacher Hitze weich dünsten. 1 gehackte Knoblauchzehe und 1 Dose gehackte Tomaten (400 g) zugeben und 15 Minuten köcheln lassen. 400 g Penne al dente garen. In einer Schüssel 100 g weichen Ziegenkäse zerdrücken. Etwas von der Tomatensauce unterrühren. So lange rühren, bis der Käse geschmolzen ist. 150 g gehackte junge Spinatblätter und 75 g entsteinte schwarze Oliven zur Sauce geben, zum Schluss die restliche Tomatensauce einrühren und gut würzen. Die abgegossenen Penne mit der Sauce mischen und nach Belieben mit zerbröckeltem Ziegenkäse bestreuen und sofort servieren.

30 Lammkoteletts mit Anchovis-Zucchini-Tagliatelle

Für 4 Personen

25 g Butter

50 ml Olivenöl zzgl. Olivenöl zum Bestreichen

4 Knoblauchzehen, zerdrückt

8 Anchovisfilets in Öl, abgetropft

fein gehackte Nadeln von 1 Rosmarinzweig

1 Zucchini, in dünne Scheiben geschnitten

8 Lammkoteletts

400 g Tagliatelle

1 Handvoll gehackte glatte Petersilienblätter

Salz und frisch gemahlener Pfeffer

• In einem kleinen Topf die Butter zerlassen, dann Olivenöl und Knoblauch zugeben und bei schwacher Hitze in 5 Minuten weich dünsten, aber nicht anbrennen lassen. Anchovis und Rosmarin zugeben und einige Minuten weiterköcheln lassen. Die Anchovis dabei mit einem Löffel zerdrücken. Beiseitestellen.

• Eine Grillpfanne auf höchster Stufe erhitzen. Die Zucchinischeiben mit etwas Olivenöl bestreichen und von jeder Seite 3 Minuten darin braten. Herausnehmen und warm halten. Die Lammkoteletts mit Olivenöl bestreichen und würzen. 5–7 Minuten in der Grillpfanne braten, dann wenden und von der anderen Seite 5 Minuten braten.

• Die Tagliatelle in reichlich Salzwasser al dente garen. Abgießen, etwas Kochflüssigkeit auffangen, Tagliatelle wieder in den Topf geben. Mit dem Knoblauch-Anchovis-Öl mischen, ggf. mit etwas Kochflüssigkeit verdünnen. Zucchini und Petersilienblätter unterheben. Auf flachen Tellern anrichten, die Lammkoteletts daneben arrangieren und sofort servieren.

 Cremige Zucchini-Anchovis-Tagliatelle

400 g Tagliatelle al dente garen und abgießen. In einer Pfanne 1 EL Olivenöl erhitzen und 2 gehackte Knoblauchzehen 30 Sekunden darin anbraten. 6 abgetropfte Anchovisfilets in Öl zugeben, mit einem Löffelrücken etwas zerdrücken und 2 Minuten mitdünsten. 50 g Sahne einrühren und vorsichtig erhitzen. 2 Zucchini fein reiben, mit der Sauce und den Tagliatelle mischen, würzen und sofort servieren.

 **Tagliatelle mit Lamm und Anchovis**

300 g Lammkotelett in feine Streifen schneiden. In einer Pfanne 1 EL Olivenöl erhitzen und die Lammstreifen auf höchster Stufe darin durchbraten. Aus der Pfanne nehmen und beiseitestellen. 4 zerdrückte Knoblauchzehen und 8 abgetropfte Anchovisfilets in die Pfanne geben und 2 Minuten braten, die Anchovis dabei etwas zerdrücken. 1 geröstete rote Paprika aus dem Glas in dünne Streifen schneiden. Die Tagliatelle abgießen und Lammstreifen, Knoblauchanchovis und Paprikastreifen unterheben. Mit Salz und Pfeffer abschmecken und sofort servieren.

Spaghetti mit Seeteufel, Muscheln und Fenchel

Für 4 Personen

½ TL Safranfäden

15 g Butter

1 Fenchelknolle, in Scheiben geschnitten

50 ml trockener Weißwein

450 g Muscheln ohne Bart, gesäubert

150 g Crème fraîche

1 EL Olivenöl

300 g Seeteufelfilet ohne Gräten, in 1,5 cm dicke Scheiben geschnitten

400 g Spaghetti

Salz und frisch gemahlener Pfeffer

1 EL gehackte Estragonblätter zum Garnieren

• Die Safranfäden mit 3 EL kochendem Wasser mischen und ziehen lassen.

• In einem großen Topf die Butter zerlassen und den Fenchel bei mittlerer Hitze in 5 Minuten weich dünsten. Wein, Safran und Einweichflüssigkeit sowie die Muscheln in den Topf geben. Zugedeckt 5 Minuten köcheln, bis die Muscheln sich geöffnet haben. Geschlossene Muscheln entfernen und wegwerfen. Crème fraîche unterrühren und würzen.

• In einer Pfanne das Olivenöl erhitzen und den Seeteufel auf höchster Stufe von jeder Seite 3 Minuten braten. Seeteufel vorsichtig unter die Muschelsauce heben.

• Die Spaghetti in reichlich Salzwasser al dente garen. Abgießen, etwas Kochflüssigkeit auffangen. Spaghetti mit der Muschelsauce mischen, ggf. mit etwas Kochflüssigkeit verdünnen. Abschmecken.

• In tiefen Tellern anrichten und mit Estragon bestreut servieren.

 Seeteufel-Spaghetti
Den Backofengrill auf höchster Stufe vorheizen. 300 g Seeteufelfilet ohne Gräten in 1,5 cm dicke Scheiben schneiden und unter dem Grill garen. 400 g Spaghetti al dente garen, abgießen und mit dem Seeteufel mischen, zusätzlich 1 gehackte Tomate, ½ entkernte, gehackte rote Chili, 1 Spritzer Zitronensaft und 1 Handvoll gehackte glatte Petersilienblätter unterziehen. Gut würzen und sofort servieren.

 Spaghetti in Safran-Sahne-Sauce mit Pancetta-Seeteufel Den Backofengrill auf höchster Stufe vorheizen. 400 g Seeteufelfilet längs halbieren, dabei die Gräten entfernen. Die Stücke aufeinanderlegen und mit 8 Scheiben Pancetta fest umwickeln. Unter dem vorgeheizten Backofengrill 7–10 Minuten garen, dann wenden und weitere 7–10 Minuten garen. ½ TL Safranfäden mit 3 EL kochendem Wasser mischen und 10 Minuten ziehen lassen, dann mit 50 g Sahne verrühren. 400 g Spaghetti al dente garen und abgießen. Seeteufelpäckchen in Scheiben schneiden und mit der Safran-Sahne-Sauce mischen. Spaghetti unterheben, abschmecken und servieren.

 # Salsicce-Peperonata-Radiatori

Für 4 Personen

4 EL Olivenöl

6 große Salsicce (pikante italienische Würste)

2 Zwiebeln, in Scheiben geschnitten

je 2 rote und gelbe Paprika, entstielt, entkernt, klein geschnitten

1 Knoblauchzehe, zerdrückt

1 EL Tomatenmark

2 TL Zucker

1 EL Balsamico

3 große Tomaten, gehackt

1 Handvoll gehackte Basilikumblätter zzgl. einige Blätter zum Garnieren

400 g Radiatori

Salz und frisch gemahlener Pfeffer

- Den Backofen auf 200 °C vorheizen. 1 Backblech mit 1 EL Olivenöl fetten, die Würste darauflegen und im vorgeheizten Backofen in 20–25 Minuten garen.

- In der Zwischenzeit in einem Topf das restliche Olivenöl erhitzen und die Zwiebeln darin in 5 Minuten weich dünsten. Paprika, Knoblauch, Tomatenmark, Zucker, Balsamico, Tomaten und 2 EL Wasser zugeben und zugedeckt 15 Minuten köcheln lassen. Dann offen weitere 5 Minuten köcheln, bis der Paprika richtig weich ist. Würzen und Basilikumblätter unter die Peperonata rühren.

- Die Radiatori in reichlich Salzwasser al dente garen. Abgießen, dabei etwas Kochflüssigkeit auffangen und die Pasta wieder in den Topf geben.

- Die Würste in mundgerechte Stücke schneiden. Mit Pasta und Sauce mischen, ggf. etwas Kochflüssigkeit zugeben und abschmecken. In tiefen Tellern anrichten und mit Basilikum bestreut servieren.

 Weißkohl-Fusilli mit Räucherwurst

½ Weißkohlkopf klein schneiden und in 10 Minuten in einem Sieb über einem Topf mit kochendem Wasser weich dämpfen. 400 g Fusilli al dente garen. Abgießen und wieder in den Topf geben. Den Kohl, 3 klein geschnittene Räucherwürste (z. B. Krakauer oder Chorizo), 40 g Butter und 25 g geriebenen Parmesan mit der Pasta mischen und abschmecken. Sofort servieren.

Paprika-Chorizo-Radiatori Den Backofengrill auf höchster Stufe vorheizen. 4 rote Paprika mit 2 EL Öl bestreichen und unter dem vorgeheizten Grill unter Wenden 10 Minuten backen, bis die Haut schwarz wird. In einen Gefrierbeutel legen, diesen verschließen und die Paprika 5 Minuten abkühlen lassen, danach die Haut abziehen. Paprika halbieren, entkernen und klein schneiden. 400 g Radiatori al dente garen. In einer Pfanne 1 EL Öl erhitzen und 150 g klein geschnittene Chorizo darin einige Minuten scharf anbraten. Paprika und 1 Spritzer Wasser zugeben, würzen und einige Minuten köcheln lassen. Pasta abgießen und mit Chorizo und Paprika mischen, abschmecken. Mit 40 g gehobeltem Manchego bestreut servieren.

Seebarschfilet mit warmem Pastasalat und Basilikumöl

Für 4 Personen

2 EL Olivenöl
4 kleine Seebarschfilets ohne Gräten
400 g Fregola sarda
1 Spritzer Zitronensaft
75 g sonnengereifte Tomaten in Öl,
   abgetropft und gehackt
50 g entsteinte schwarze Oliven
Salz und frisch gemahlener Pfeffer

Für das Basilikumöl

100 ml extra natives Olivenöl
1 große Handvoll grob gehackte
   Basilikumblätter
1 Knoblauchzehe

- Für das Basilikumöl das Olivenöl in einen kleinen Topf geben, Basilikumblätter und Knoblauch hinzufügen und bei schwacher Hitze 10 Minuten köcheln. Abkühlen lassen, dann das Öl durch ein feines Sieb passieren.

- In einer Pfanne 1 EL Basilikumöl erhitzen und das Fischfilet mit der Hautseite nach unten bei großer Hitze in 5–7 Minuten goldgelb und knusprig braten. Vorsichtig wenden, würzen und weitere 3–5 Minuten braten. Dann sollte der Fisch gar sein. Jedes Filet einmal durchschneiden.

- In der Zwischenzeit die Pasta in reichlich Salzwasser al dente garen. Abgießen. 2 EL des Basilikumöls, dann Zitronensaft, Tomaten und Oliven unterrühren. Abschmecken.

- Den Pastasalat auf flachen Tellern anrichten, das Fischfilet dazulegen und mit dem restlichen Basilikumöl beträufeln.

Oliven-Pesto-Pasta mit Seebarsch 400 g Fregola sarda al dente garen. 4 Seebarschfilets in dünne Streifen schneiden und in 1 EL Olivenöl von jeder Seite 3 Minuten braten. Pasta abgießen und wieder in den Topf geben, 4 EL grünes Pesto aus dem Glas und 1 Handvoll entsteinte schwarze Oliven unterrühren. Mit Salz und Pfeffer würzen. Pasta in tiefen Tellern anrichten, den Fisch darauflegen und mit 75 g gehackten sonnengereiften Tomaten bestreut servieren.

Fregola sarda mit Oliven, Tomaten und pochiertem Seebarsch 1 EL Rotweinessig und 1 zerdrückte Knoblauchzehe verrühren, dann 5 gehackte sonnengereifte Tomaten zugeben und das Ganze mindestens 20 Minuten ziehen lassen. 1 Zwiebel, 1 Selleriestange und 1 Karotte putzen, hacken und mit ½ TL Pfefferkörnern, 1 Lorbeerblatt, 1 in Scheiben geschnittenen unbehandelten Zitrone und 1 l Wasser in eine hohe Pfanne geben. Aufkochen und 10 Minuten bei schwacher Hitze köcheln lassen. 4 Seebarschfilets ohne Gräten hinzufügen und 10 Minuten pochieren, bis sich das Fleisch leicht auseinandernehmen lässt. 300 g Fregola sarda al dente garen. Den Fisch aus der Pfanne nehmen, die Haut abziehen und das Fleisch zerteilen. Mit der Tomatenmischung, 1 Handvoll gehackten Basilikumblättern und 1 Handvoll entsteinten schwarzen Oliven zur Pasta geben, mit Salz und Pfeffer abschmecken und mischen. Sofort servieren.

Schwarze Spaghetti mit Tintenfisch

Für 4 Personen

400 g Spaghetti al nero di seppia

4 EL Olivenöl zzgl. Olivenöl zum
Abschmecken

400 g Tintenfischringe

4 Knoblauchzehen, klein geschnitten

1 rote Chili, entkernt, klein geschnitten

Saft von 1 Zitrone

1 Handvoll gehackte Basilikumblätter

Salz und frisch gemahlener Pfeffer

- Die Spaghetti in reichlich Salzwasser al dente garen.

- In der Zwischenzeit in einer großen Pfanne das Olivenöl erhitzen. Die Tintenfischringe mit Küchenpapier trocken tupfen, in die Pfanne geben und bei hoher Temperatur 30 Sekunden scharf anbraten. Knoblauch und Chili hinzufügen und kurz darin anbraten, der Knoblauch darf jedoch nicht zu braun werden. Den Zitronensaft in die Pfanne geben und das Ganze würzen.

- Die Spaghetti abgießen und wieder in den Topf geben. Mit Tintenfisch und Basilikumblättern mischen und mit Olivenöl abschmecken. Sofort servieren.

 Tintenfisch-Spaghetti in Zitronensauce

40 g Butter zerlassen und 1 fein gehackte Schalotte und 3 klein geschnittene Knoblauchzehen darin weich dünsten. Den Saft von 1 Zitrone zugeben, dann bei schwacher Hitze 50 g gewürfelte kalte Butter einrühren. 1 Handvoll zerkleinerte Basilikumblätter zugeben und würzen. 400 g Spaghetti al nero di seppia al dente garen. 8 Tintenfischtuben halbieren, kreuz und quer leicht einschneiden. Mit Olivenöl bestreichen und mit Salz bestreuen. In einer vorgeheizten Grillpfanne 2 Minuten braten, wenden und weiterbraten, bis sich der Tintenfisch wölbt. Spaghetti abgießen und mit der Zitronensauce und dem Tintenfisch mischen. Mit 1 TL getrockneten Chiliflocken bestreut servieren.

 **Schwarze-Spaghetti-Meeresfrüchte-Päckchen** Den Backofen auf 200 °C vorheizen. 400 g schwarze Spaghetti 5 Minuten in Salzwasser kochen, dann abgießen, kalt abschrecken und abtropfen lassen. In einem großen Topf in 1 EL Olivenöl 1 entkernte, klein geschnittene rote Chili und 4 klein geschnittene Knoblauchzehen anbraten, 50 ml trockenen Weißwein zugießen und einige Minuten köcheln lassen. 4 gehackte sonnengereifte Tomaten, 150 g Venusmuscheln und 150 g Miesmuscheln ohne Bart zugeben und 5 Minuten köcheln, bis sich die Schalen geöffnet haben. Geschlossene Muscheln wegwerfen. 400 g Tintenfischringe und Spaghetti mit in den Topf geben, alles vorsichtig mischen und würzen. Die Mischung auf 4 große Alufoliestücke verteilen. Alufolie zusammenlegen, um kleine Päckchen zu bilden. Die Päckchen auf ein Backblech legen und im vorgeheizten Backofen 10 Minuten garen. Die Päckchen öffnen und mit 1 Handvoll gehackten Basilikumblättern bestreut servieren.

 Gnocchetti sardi mit Wild und Maronen

Für 4 Personen

1 EL Olivenöl
6 große Wildwürste
1 Knoblauchzehe, fein gehackt
1 Rosmarinzweig
1 TL Tomatenmark
75 ml Rotwein
100 ml Hühner- oder Wildbrühe
100 g gegarte Maronen, halbiert
400 g Gnocchetti sardi
75 g Sahne
Salz und frisch gemahlener Pfeffer
1 Handvoll gehackte glatte Petersilienblätter zum Bestreuen

• In einem großen Topf das Olivenöl erhitzen, die Würste zugeben und bei mittlerer Hitze braun anbraten. Herausnehmen, ein wenig abkühlen lassen, dann in mundgerechte Stücke schneiden und beiseitestellen. Knoblauch, Rosmarin und Tomatenmark in den Topf geben und einige Minuten unter Rühren braten.

• Mit Wein ablöschen und um die Hälfte einkochen lassen. Die Brühe zugießen, die Wurst wieder in den Topf geben, dann die Maronen unterrühren und das Ganze 20 Minuten köcheln lassen.

• In der Zwischenzeit die Pasta in reichlich Salzwasser al dente garen. Abgießen, etwas Kochflüssigkeit auffangen und die Pasta wieder in den Topf geben. Die Sahne in die Wurstsauce rühren und abschmecken. Gut erhitzen, dann die Pasta untermengen und ggf. etwas Kochflüssigkeit zufügen. In tiefen Tellern anrichten und mit Petersilienblättern bestreut servieren.

 Fusilli in Maronen-Speck-Sauce Den Backofengrill auf höchster Stufe vorheizen. 400 g Fusilli al dente garen. 4 Scheiben durchwachsenen Speck in 7 Minuten unter dem Backofengrill knusprig backen und in Würfel schneiden. In einer Pfanne 1 EL Olivenöl erhitzen, 1 gehackte Knoblauchzehe darin 30 Sekunden anbraten. 100 g gegarte Maronen grob hacken und mit 50 ml heißer Hühnerbrühe und 50 g Sahne zugeben, abschmecken. 5 Minuten köcheln, dann mit der abgegossenen Pasta, dem Speck und 1 Handvoll gehackten glatten Petersilienblättern vermengen und sofort servieren.

 **Gnochetti sardi mit Hähnchenleber**
200 g Hähnchenleber in kleine Stücke schneiden, Sehnen und Häute dabei entfernen. In einer Pfanne 1 EL Olivenöl erhitzen, 2 gehackte Knoblauchzehen 30 Sekunden darin anbraten. Leber zugeben und weitere 3 Minuten braten, bis die Leber gebräunt ist. 75 ml trockenen Weißwein zugießen und in einigen Minuten etwas einkochen lassen. 400 g Gnocchetti Sardi al dente garen. Mit der Hähnchenleber und 1 Handvoll geriebenem Parmesan mischen, abschmecken und sofort servieren.

Blumenkohl-Gorgonzola-Cannelloni

Für 8 Personen

1 Blumenkohl, in Röschen geteilt
40 g Walnüsse
12 Lasagneblätter
200 g Frischkäse
150 g Gorgonzola
250 g Crème fraîche
5 EL Milch
80 g geriebener Parmesan zum Bestreuen
Salz und frisch gemahlener Pfeffer
Olivenöl zum Einfetten der Form

- Den Blumenkohl in Salzwasser in 7–10 Minuten garen. Abgießen und wieder in den Topf legen. Grob pürieren und abkühlen lassen.

- In einer kleinen Pfanne die Walnüsse ohne Fett einige Minuten rösten, dann grob hacken. Die Lasagneblätter al dente garen.

- Den Backofen auf 200 °C vorheizen. In einer Schüssel den pürierten Blumenkohl mit dem Frischkäse und dem Gorgonzola mischen. Die Blumenkohl-Käse-Mischung jeweils an der Längsseite der Lasagnescheiben verteilen, diese aufrollen und in eine große gefettete Auflaufform legen.

- Crème fraîche und Milch verrühren, würzen und über die Cannelloni gießen. Mit Parmesan und Walnüssen bestreuen. Im vorgeheizten Backofen 10–15 Minuten backen.

- Mit Brunnenkressesalat servieren.

 Blumenkohl-Spinat-Penne mit Gorgonzola 1 Blumenkohl in Salzwasser in 7–10 Minuten garen, 500 g frische Penne mit ins Wasser geben und al dente garen. Kurz vor dem Abgießen 200 g junge Spinatblätter mit in den Topf geben. Dann abgießen und alle Zutaten wieder in den Topf geben. 150 g Gorgonzola und 1 EL Crème fraîche unterrühren, mit Salz und Pfeffer abschmecken und servieren.

 **Suppe mit Blumenkohl, Gorgonzola und Pesto** In einem großen Topf 1 EL Olivenöl erhitzen, die Röschen von 1 Blumenkohl und 1 kleine gehackte Zwiebel zugeben und bei schwacher Hitze 5–10 Minuten dünsten. 600 ml heiße Gemüsebrühe zugießen und aufkochen, dann 10 Minuten sanft köcheln lassen. Topf vom Herd nehmen und die Zutaten mit dem Stabmixer pürieren. Wieder auf den Herd stellen und 100 g Gorgonzola und 1 EL Crème fraîche zugeben, mit Salz und Pfeffer abschmecken. 125 g Ditalini al dente garen. Abgießen und in die Suppe geben. 100 g Brunnenkresse, 25 g Walnüsse, 25 g geriebenen Parmesan und 3 EL extra natives Olivenöl in der Küchenmaschine zu einem Pesto verarbeiten. Suppe in tiefen Tellern anrichten und auf jeden Teller 1 kleinen EL Pesto geben.

30 Mafaldine mit Entenconfit und Pancetta

Für 4 Personen

3 EL Olivenöl

1 Zwiebel, fein gehackt

1 Karotte, geputzt und fein gehackt

1 Selleriestange, fein gehackt

1 Knoblauchzehe, zerdrückt

1 EL Tomatenmark

75 ml trockener Weißwein

1 Dose gehackte Tomaten (400 g)

2 Streifen Schale von 1 unbehandelten Orange

1 Lorbeerblatt

1 Thymianzweig

100 g Pancettawürfel

4 eingelegte Entenkeulen

400 g Mafaldine

Salz und frisch gemahlener Pfeffer

- In einem großen Topf 2 EL Olivenöl erhitzen, Zwiebeln, Karotte und Sellerie darin in 5 Minuten weich dünsten. Knoblauch und Tomatenmark einrühren und 1 Minute mitdünsten.

- Mit Wein ablöschen und das Ganze einige Minuten einkochen lassen, dann Tomaten, Orangenschale und 200 ml Wasser zugeben. Die Kräuter zufügen, aufkochen und 15 Minuten köcheln.

- Den Topf vom Herd nehmen. Orangenschale und Kräuter herausnehmen und das Ganze mit dem Stabmixer zu einer Sauce pürieren. Den Topf wieder auf den Herd stellen.

- In der Zwischenzeit in einer Pfanne das übrige Olivenöl erhitzen und die Pancettawürfel darin knusprig braten. Mit einer Gabel das Entenfleisch zerkleinern, mit Pancetta in die Sauce geben und 5 Minuten erhitzen.

- Die Pasta in reichlich Salzwasser al dente garen. Abgießen, etwas Kochflüssigkeit auffangen, Pasta wieder in den Topf geben. Mit der Sauce vermengen, ggf. etwas Kochflüssigkeit dazugeben. Abschmecken und sofort servieren.

 Mafaldine mit Entenconfit und roter Paprika

400 g Mafaldine al dente garen und abgießen. Das Fleisch von 4 eingelegten Entenkeulen und 2 abgetropfte geröstete rote Paprika aus dem Glas klein schneiden. Beides mit der Pasta vermengen, 5 EL Crème fraîche und 125 g Brunnenkresse unterziehen, mit Salz und Pfeffer würzen und servieren.

 Entenconfit-Rucola-Mafaldine Das Fleisch von 4 eingelegten Entenkeulen lösen. In einer Pfanne 1 EL Olivenöl erhitzen, Ente und 2 fein gehackte Knoblauchzehen darin bei mittlerer Hitze 5 Minuten braten. 50 ml trockenen Weißwein und 75 ml Hühnerbrühe zugießen und in 10 Minuten einkochen lassen. Dann 3 EL Crème fraîche unterrühren und mit Salz und Pfeffer würzen. 400 g Mafaldine al dente garen und abgießen. Mit der Sauce und 1 guten Handvoll gehacktem Rucola mischen und servieren.

 Spargel-Cappelletti in Wildpilzrahm

Für 4 Personen

400 g Cappelletti

1 Bund grüner Spargel, unteres Drittel geschält

15 g Butter

1 Knoblauchzehe, klein geschnitten

150 g gemischte Wildpilze, geputzt und ggf. halbiert

75 g Crème fraîche

Salz und frisch gemahlener Pfeffer

40 g Parmesanhobel zum Bestreuen

- Die Cappelletti in reichlich Salzwasser al dente garen. 3 Minuten vor Garende den Spargel zugeben und darin weich kochen.

- In einer Pfanne die Butter zerlassen, den Knoblauch darin 1 Minute braten, dann die Pilze unterrühren und in 5 Minuten weich dünsten. Crème fraîche unterziehen.

- Pasta und Spargel abgießen, etwas Kochflüssigkeit auffangen. Beides wieder in den Topf geben. Mit der Pilzsauce mischen und abschmecken. Ggf. etwas Kochflüssigkeit zugeben. In tiefen Tellern anrichten und mit gehobeltem Parmesan bestreut servieren.

 Spargel-Linguine mit Zitronen-Carbonara

400 g Linguine al dente garen, 3 Minuten vor Garende 1 Bund im unteren Drittel geschälten grünen Spargel zugeben. 1 Ei, 3 EL Crème fraîche und 1 Spritzer Zitronensaft in einer Schüssel verrühren und mit Salz und Pfeffer abschmecken. Linguine und Spargel abgießen und wieder in den Topf geben. Mit der Sauce mischen und sofort servieren.

 **Überbackene Spargel-Bacon-Penne**

Den Backofengrill auf mittlerer Stufe vorheizen. 400 g Penne al dente garen, 3 Minuten vor Garende 1 Bund im unteren Drittel geschälten grünen Spargel zugeben. 5 Scheiben Bacon unter dem vorgeheizten Backofengrill 10 Minuten backen. 1 Minute abkühlen lassen, dann fein würfeln. Den Backofen auf 200 °C einstellen. Pasta und Spargel abgießen und wieder in den Topf geben. 150 g weichen Ziegenkäse mit so viel Milch verrühren, dass eine glatte Sauce entsteht und mit Salz und Pfeffer abschmecken. Mit Pasta und Speck mischen. Alles in eine Auflaufform füllen und mit 1 Handvoll geriebenem Gruyère bestreuen. Im vorgeheizten Backofen 15 Minuten backen.

30 Marsala-Hähnchen-Linguine

Für 4 Personen

3 EL Olivenöl

2 Hähnchenbrüste ohne Knochen

1 Schalotte, fein gehackt

150 ml Marsala

150 ml heiße Hühnerbrühe

1 Salbeiblatt, fein gehackt

100 g Sahne

200 g braune Champignons, geputzt
   und ggf. halbiert

400 g Linguine

Salz und frisch gemahlener Pfeffer

1 Handvoll gehackte glatte Petersilienblätter zum Bestreuen

- In einer Pfanne 1 EL Olivenöl erhitzen. Das Hähnchen würzen und dann von jeder Seite 5–7 Minuten braten. Beiseitestellen.

- In einem Topf 1 EL Olivenöl erhitzen, die Schalotten darin bei schwacher Hitze in einigen Minuten weich dünsten. Den Marsala zugießen, die Temperatur erhöhen und den Marsala in einigen Minuten zu einem Sirup einkochen. Brühe und Salbei hinzufügen und weitere 5 Minuten köcheln lassen. Die Sahne unterrühren, abschmecken und warm halten.

- Das Hähnchen in Scheiben schneiden und in die Sauce legen. Das übrige Olivenöl in die Pfanne geben und die Pilze 3–5 Minuten darin braten, dann in die Sauce rühren.

- Die Pasta in reichlich Salzwasser al dente garen. Abgießen, etwas Kochflüssigkeit auffangen und Pasta wieder in den Topf geben. Mit der Sauce vermengen, ggf. etwas Kochflüssigkeit zufügen. Abschmecken und mit Petersilienblättern bestreut servieren.

 Champignon-Hähn-chen-Linguine

400 g Linguine al dente garen. In einer Pfanne 40 g Butter zerlassen und 1 gehackte Knoblauchzehe 30 Sekunden darin anbraten. 200 g geputzte und halbierte braune Champignons, dann 2 klein geschnittene vorgegarte Hähnchenbrüste ohne Haut und 1 guten Spritzer Marsala zugeben. Einige Minuten köcheln lassen. Pasta abgießen und wieder in den Topf geben. Mit der Hähnchenmischung und 4 EL Sahne vermengen, mit Salz und Pfeffer würzen und sofort servieren.

 **Linguine mit pochier-tem Marsalahähnchen**

2 Hähnchenbrüste ohne Haut und Knochen in einen Topf legen. 100 ml Marsala und so viel Hühnerbrühe zugießen, dass das Fleisch ganz bedeckt ist. 15 Minuten sanft köcheln lassen. 400 g Linguine al dente garen. 200 g braune Champignons putzen und halbieren. Hähnchenbrüste in Streifen schneiden und mit den Pilzen unter die abgegossenen Nudeln mischen. 75 g Sahne und ggf. etwas reduzierte Pochierflüssigkeit unterrühren und abschmecken. Sofort servieren.

30 Makkaroni-Garnelen-Gratin

Für 6 Personen

3 Eigelb

Saft von 1 Zitrone

200 g Butter, zerlassen

100 g Sahne

600 g Makkaroni

3 EL Olivenöl

3 Porreestangen, geputzt und in
Scheiben geschnitten

300 g geschälte und gegarte große
Garnelen

Salz und frisch gemahlener Pfeffer

- Die Eigelbe in eine hitzefeste Schüssel geben, die auf einen Topf mit köchelndem Wasser passt (der Boden der Schüssel darf das Wasser nicht berühren). Gut zwei Drittel des Zitronensafts einrühren, dann nach und nach die zerlassene Butter kräftig unterschlagen. Sobald die Sauce die Konsistenz von Mayonnaise hat, die Schüssel vom Topf nehmen. Abkühlen lassen, würzen und ggf. mit Zitronensaft abschmecken. Die Sahne sehr steif schlagen und vorsichtig unter die Sauce ziehen. Beiseitestellen.

- Die Makkaroni in reichlich Salzwasser al dente garen.

- Den Backofengrill auf mittlerer Stufe vorheizen. In einem Topf das Olivenöl erhitzen und den Porree und 1 Spritzer Wasser hineingeben. 7 Minuten dünsten, bis der Porree weich ist. Die Garnelen zugeben und weitere 2 Minuten köcheln lassen.

- Die Makkaroni abgießen und wieder in den Topf geben. Mit Sauce, Porree und Garnelen mischen und abschmecken. In 6 kleine Gratinformen füllen und unter dem vorgeheizten Backofengrill 3–5 Minuten backen.

---

1 **Garnelen-Porree-Pasta**
In einem Topf 3 EL Olivenöl erhitzen und 3 geputzte und in Scheiben geschnittene Porreestangen darin 7 Minuten dünsten, bis der Porree weich ist. 300 g große geschälte gegarte Garnelen zugeben und weitere 2 Minuten köcheln lassen. 600 g Chifferi al dente garen. Abgießen, wieder in den Topf geben. Mit Porree und Garnelen vermengen, 5 EL Crème fraîche und 1 guten Spritzer Zitronensaft unterrühren, würzen und servieren.

2 **Fusilli in scharfer Garnelen-Porree-Sahne-Sauce** In einer großen Pfanne 1 EL Olivenöl erhitzen, 1 gehackte Knoblauchzehe und ½ entkernte und gehackte rote Chili darin 30 Sekunden anbraten. 3 geputzte und in Scheiben geschnittene Porreestangen zugeben und 5 Minuten mitdünsten. 1 Dose gehackte Tomaten, (400 g) und 100 ml Gemüse- oder Fischbrühe hinzufügen und 10 Minuten köcheln lassen. Abgeriebene Schale und Saft von 1 unbehandelten Limette und 100 g Sahne einrühren. Weitere 1–2 Minuten köcheln, dann 300 g geschälte, gegarte Garnelen hinzufügen. 600 g Fusilli al dente garen. Die abgegossenen Fusilli mit der Sauce und 1 Handvoll gehackten Basilikumblättern mischen, mit Salz und Pfeffer würzen und servieren.

Räucherlachs-Rucola-Casareccia

Für 4 Personen

400 g Casareccia
100 ml trockener Weißwein
150 g Sahne
250 g Räucherlachs, in Streifen geschnitten
75 g Rucola
½ rote Zwiebel, in Scheiben geschnitten
abgeriebene Schale von ½ unbehandelten Zitrone
2 TL Kapern, abgespült und abgetropft
Salz und frisch gemahlener Pfeffer

- Die Casareccia in reichlich Salzwasser al dente garen.

- In der Zwischenzeit in einem Topf den Wein zum Kochen bringen, dann bei schwacher Hitze 5 Minuten köcheln lassen. Mit der Sahne verrühren, würzen und einige Minuten weiterköcheln.

- Die Pasta abgießen, etwas Kochflüssigkeit auffangen, Pasta wieder in den Topf geben. Mit der Sauce vermengen, ggf. etwas Kochflüssigkeit zufügen. Die übrigen Zutaten unterrühren und servieren.

 Pastasalat mit Lachs und Rucola 400 g Orzo garen. Abgießen, kalt abschrecken und abtropfen lassen. Mit 2 EL Naturjoghurt, 4 EL Mayonnaise und reichlich schwarzem Pfeffer verrühren. Pasta in eine Servierschüssel füllen. 250 g in Streifen geschnittenen Räucherlachs, 75 g Rucola, ½ in Scheiben geschnittene rote Zwiebel, abgeriebene Schale von ½ unbehandelten Zitrone und 2 TL abgespülte und abgetropfte Kapern unterheben, würzen und servieren.

Casareccia mit Honiglachs Den Backofen auf 200 °C vorheizen. 1 EL Honig und reichlich frisch gemahlenen schwarzen Pfeffer auf 2 Räucherlachsfilets geben. Im vorgeheizten Backofen 12–15 Minuten backen, bis sich der Fisch leicht auseinanderzupfen lässt. 400 g Casareccia al dente garen. In einer Pfanne 1 EL Olivenöl erhitzen, 1 gehackte rote Zwiebel darin weich dünsten, dann 75 ml trockenen Weißwein zugießen und einköcheln lassen. 1 TL Dijon-Senf, dann die abgeriebene Schale von ½ unbehandelten Zitrone und 75 g Sahne einrühren. Pasta abgießen und wieder in den Topf geben. Räucherlachs häuten und Gräten entfernen, auseinanderzupfen und in die Sauce geben, abschmecken. Die Sauce mit der Pasta und 75 g Rucola mischen und sofort servieren.

30 Fettuccine mit Hummer

Für 2 Personen

25 g Butter
2 Schalotten, fein gehackt
1 TL Tomatenmark
1 großer gegarter Hummer
2 EL Weinbrand
150 ml Madeira
75 g Sahne
1 Eigelb
1 Prise Cayennepfeffer
200 g Fettuccine
Salz und frisch gemahlener Pfeffer
1 kleine Handvoll gehackte Estragon-
    blätter zum Garnieren

- In einer großen Pfanne die Butter zerlassen und die Schalotten darin bei schwacher Hitze weich dünsten. Das Tomatenmark einrühren und 1 Minute köcheln. In der Zwischenzeit den Hummer zerlegen, das Fleisch herausnehmen und den Hummerschwanz einmal durchschneiden. Hummerschale in die Pfanne geben und 5–10 Minuten darin braten.

- Die Pfanne vom Herd ziehen und den Weinbrand hinzufügen. Wieder auf den Herd stellen und auf hoher Temperatur einkochen. Den Madeira zugießen und in 5–10 Minute zur Hälfte einkochen. Das Ganze durch ein Sieb passieren.

- Die Sauce wieder in die Pfanne geben. Sahne, Eigelb und Cayennepfeffer verrühren. 1 EL von dieser Mischung unter die Sauce rühren, in die Pfanne geben und verrühren. Weiter sanft köcheln, aber nicht mehr kochen lassen. Das Hummerfleisch zugeben.

- In der Zwischenzeit die Fettuccine in reichlich Salzwasser al dente garen. Abgießen, etwas Kochflüssigkeit auffangen, Fettuccine wieder in den Topf geben. Mit der Sauce vermengen, ggf. etwas Kochflüssigkeit zugeben. Abschmecken.

- In tiefen Tellern anrichten, jeweils einen halben Hummerschwanz darauflegen und mit Estragon bestreut servieren.

---

1 **Hummer-Estragon-Fettuccine** 200 g Fettuccine al dente garen, abgießen, etwas Kochflüssigkeit auffangen, wieder in den Topf geben. 200 g eingelegten Hummer, 1 Eigelb, etwas Kochflüssigkeit und 1 kleine Handvoll gehackte Estragonblätter untermengen, würzen und servieren.

2 **Hummer-Orzo-Salat** 200 g Orzo garen. Abgießen, kalt abschrecken und abtropfen lassen. 3 EL Mayonnaise mit 3 EL Sauerrahm, der abgeriebenen Schale und dem Saft von ½ unbehandelten Zitrone, 1 fein gehackten Schalotte und je 1 kleinen Handvoll Schnittlauchröllchen und gehacktem Estragon mischen. Das klein geschnittene Fleisch eines gegarten Hummers untermengen. Pasta in eine Servierschüssel geben und mit den übrigen Zutaten und 1 Handvoll Rucola vermengen, abschmecken und servieren.

Pappardelle mit Maronen, Rucola und Parmaschinken

Für 4 Personen

75 ml Olivenöl zzgl. Olivenöl zum
   Abschmecken
6 Salbeiblätter
Schale und Saft von ½ unbehandelten
   Zitrone, die Schale dünn und in
   breiten Streifen abgeschnitten
100 g gegarte Maronen, halbiert
400 g Pappardelle
50 g Rucola
150 g Parmaschinken
Salz und frisch gemahlener Pfeffer

- In einem mittelgroßen Topf das Olivenöl erhitzen, Salbeiblätter und Zitronenschale zufügen und bei schwacher Hitze 10 Minuten köcheln lassen. Die Maronen unterrühren und weitere 10 Minuten köcheln. Den Topf vom Herd nehmen und beiseitestellen.

- In der Zwischenzeit die Pappardelle in reichlich Salzwasser al dente garen.

- Zitronenschale und Salbei aus dem Öl entfernen und das Maronenöl mit der Pasta vermengen, abschmecken.

- Auf flachen Tellern anrichten und mit Rucola und Parmaschinken belegen. Jeweils mit 1 Spritzer Zitronensaft und ggf. Olivenöl beträufeln und servieren.

 Parmaschinken-Maronen-Pappardelle

400 g Pappardelle al dente garen. In der Zwischenzeit in einer Pfanne 1 EL Olivenöl erhitzen und 150 g Parmaschinken darin knusprig braten. Herausnehmen und 100 g gegarte, halbierte Maronen und 1 klein geschnittene Knoblauchzehe in die Pfanne geben. In 3 Minuten goldgelb braten. Saft und abgeriebene Schale von 1 unbehandelten Zitrone zugeben, dann mit abgegossenen Pappardelle und klein geschnittenem Schinken mischen, mit Salz und Pfeffer würzen. Mit 1 kleinen Handvoll gehackten glatten Petersilienblättern bestreut servieren.

 **Maronen-Pilz-Pappardelle** 25 g Steinpilze 15 Minuten in kochendem Wasser einweichen. In einer Pfanne 15 g Butter erhitzen, 1 gehackte Schalotte darin weich dünsten. 50 ml Marsala zugießen und einkochen lassen. 150 ml Hühnerbrühe und 100 g gegarte, halbierte Maronen in die Pfanne geben und in 10 Minuten weich köcheln. 400 Pappardelle al dente garen. Pilze und Einweichwasser in die Sauce rühren und einige Minuten köcheln lassen. Zum Schluss 50 g Sahne unterrühren und die Sauce mit der abgegossenen Pasta mischen, abschmecken. Mit 150 g in Olivenöl knusprig gebratenem und klein geschnittenem Parmaschinken bestreut servieren.

30 Cannelli in Tomatensauce mit Garnelen

Für 4 Personen

25 g Butter

1 Zwiebel, fein gehackt

1 Selleriestange, fein gehackt

1 Knoblauchzehe, fein gehackt

1 TL Fenchelsamen

150 ml trockener Weißwein

1 EL Weinbrand

1 Dose gehackte Tomaten (400 g)

1 Thymianzweig

1 Lorbeerblatt

50 g Sahne

400 g Cannelli

1 EL Olivenöl

8 ungeschälte rohe große
  Garnelen

Salz und frisch gemahlener Pfeffer

1 TL gehackte Basilikumblätter zum
  Garnieren

- In einem Topf die Butter zerlassen und Zwiebeln, Sellerie und Knoblauch bei schwacher Hitze in 5 Minuten weich dünsten. Den Fenchel zugeben und 30 Sekunden mitdünsten.

- Den Topf vom Herd nehmen und Wein und Weinbrand zugeben. Wieder auf den Herd stellen und bei großer Hitze in einigen Minuten einkochen, dann Tomaten und Kräuter hinzufügen und 15–20 Minuten köcheln lassen. Ggf. etwas Wasser zugießen.

- Den Topf wieder vom Herd nehmen. Die Kräuter entfernen, dann das Ganze mit dem Stabmixer zu einer glatten Sauce verarbeiten. Die Sahne unterrühren und würzen. In der Zwischenzeit die Pasta in reichlich Salzwasser al dente garen.

- In einer großen Pfanne das Öl erhitzen und die Garnelen darin 3 Minuten von jeder Seite braten, bis sie rosafarben sind.

- Die Pasta abgießen, etwas Kochflüssigkeit auffangen. Cannelli mit der Sauce mischen, ggf. etwas Kochflüssigkeit zugeben. In tiefen Tellern anrichten, die Garnelen auf die Pasta legen und mit Basilikumblättern bestreut servieren.

1 Tomaten-Garnelen-Spaghetti

Den Backofengrill auf höchster Stufe vorheizen. 400 g Spaghetti al dente garen. 8 rohe und ungeschälte große Garnelen unter dem vorgeheizten Backofengrill 3–5 Minuten garen, bis sie rosafarben sind. Pasta abgießen und wieder in den Topf geben. Mit den Garnelen, 50 g Knoblauchbutter, 2 gehackten Tomaten und der abgeriebenen Schale von 1 unbehandelten Zitrone mischen, abschmecken und sofort servieren.

2 Cannelli in Garnelen-Tomaten-Sauce

In einer großen Pfanne 1 EL Olivenöl erhitzen. 1 TL Fenchelsamen und 2 klein geschnittene Knoblauchzehen darin 30 Sekunden anbraten. 400 g halbierte kleine Pflaumentomaten, 1 Schuss trockenen Weißwein und 1 Spritzer Wasser in die Pfanne geben und 10 Minuten köcheln lassen. 8 ungeschälte rohe große Garnelen unter die Sauce rühren und in 3–5 Minuten rosa köcheln. Dann 50 g Mascarpone einrühren. 400 g Cannelli al dente garen und abgießen. Pasta mit der Garnelensauce mischen, mit Salz und Pfeffer würzen und mit 1 EL gehackten Basilikumblättern bestreut servieren.

Tagliatelle mit Rindersteak und Ragù

Für 4 Personen

2 EL Olivenöl

1 Zwiebel, in feine Scheiben geschnitten

1 rote Paprika, entstielt, entkernt und gehackt

1 EL Pimentón de la Vera (Pulver aus geräucherten Paprika)

1 Dose gehackte Tomaten (400 g)

2 dicke Rindersteaks

400 g Tagliatelle

50 g Schmand

Salz und frisch gemahlener Pfeffer

- In einem großen Topf 1 EL Olivenöl erhitzen und die Zwiebeln darin in 5 Minuten weich dünsten. Paprika zugeben und 5 Minuten mitdünsten. Pimentón de la Vera und Tomaten unterrühren, würzen und aufkochen lassen. Das Ganze 15 Minuten bei schwacher Hitze köcheln.

- In der Zwischenzeit eine Grillpfanne auf höchster Stufe erhitzen. Die Steaks mit dem restlichen Olivenöl bestreichen und gut würzen. 2–4 Minuten von jeder Seite scharf anbraten oder länger braten das hängt davon, wie gar das Fleisch sein soll. 5 Minuten ruhen lassen, dann in mundgerechte Stücke schneiden.

- Die Tagliatelle in reichlich Salzwasser al dente garen. Abgießen, etwas Kochwasser auffangen.

- Das Fleisch und die Hälfte des Schmands in die Sauce rühren, dann die Pasta und ggf. etwas Kochflüssigkeit untermengen. In tiefen Tellern anrichten und jeweils einen Tupfer Schmand daraufgeben.

 Steak-Paprika-Tagliatelle aus dem Wok

In einem Wok 1 EL Olivenöl erhitzen und 1 gehackte Knoblauchzehe und 300 g Rindersteakstreifen darin 1–2 Minuten unter Rühren braten, dann 1 Prise getrocknete Chiliflocken, 125 g halbierte Kirschtomaten und 1 abgetropfte, gehackte geröstete rote Paprika aus dem Glas zufügen. 1 Spritzer Wasser zugeben und das Ganze auf höchster Stufe unter Rühren garen. 400 g Tagliatelle al dente garen, in den Wok geben und unterheben. Abschmecken und mit einem Tupfer Naturjoghurt servieren.

 **Tagliatelle mit Steak und Pizzaiolasauce**

In einer Pfanne 1 EL Olivenöl erhitzen und 300 g Sirloinsteak bei großer Hitze 5 Minuten kräftig anbraten. Aus der Pfanne nehmen und ruhen lassen. 1 Dose gehackte Tomaten (400 g) in die Pfanne geben, dann 1 zerdrückte Knoblauchzehe, 1 TL getrockneten Oregano und 1 Handvoll entsteinte schwarze Oliven zufügen. 10 Minuten kochen lassen, bis das Ganze eindickt. 400 g Tagliatelle al dente garen und abgießen. Steak in Scheiben schneiden. Fleisch, Pasta und Sauce mischen und würzen.

Süßkartoffeltaschen mit Salbeibutter und Amaretti

Für 4 Personen

1 Rolle frischer Pastateig

Mehl für die Arbeitsfläche und das Backblech

1 Eigelb zum Bestreichen

1 großer Amarettokeks, zerbröselt

Für die Füllung

3 kleine Süßkartoffeln, geschält und gehackt

40 g geriebener Parmesan

1 Prise geriebene Muskatnuss

Salz und frisch gemahlener Pfeffer

Für die Salbeibutter

50 g Butter

8 Salbeiblätter

- Für die Füllung die Süßkartoffeln in reichlich Salzwasser 10 Minuten kochen. Gut abgießen und abkühlen lassen. Dann in einer Schüssel mit Parmesan verrühren und mit Muskat sowie Salz und Pfeffer würzen.

- Den Pastateig auf leicht bemehlter Arbeitsfläche ausrollen, in gleich viele 12 x 3 cm und 12 x 4 cm große Quadrate schneiden. 1 gehäuften EL von der Füllung in die Mitte eines kleineren Quadrats setzen, die Ränder mit etwas Eigelb bestreichen. Die Ränder eines größeren Teigquadrats mit Eigelb bestreichen und auf die Füllung legen. Vorsichtig Luftblasen herausdrücken und die Quadrate zusammendrücken. Auf ein mit Mehl bestäubtes Backblech legen. So fortfahren, bis Teig und Füllung aufgebraucht sind.

- Die Teigtaschen portionsweise in reichlich Salzwasser in 3 Minuten garen, herausheben und warm halten. Zum Schluss etwas Kochflüssigkeit beiseitestellen.

- Für die Salbeibutter in einem kleinen Topf die Butter zerlassen, bis diese schäumt. Die Salbeiblätter zugeben und 1 Minute erhitzen, dann 3–4 EL Kochflüssigkeit einrühren, damit eine Sauce entsteht. Die Teigtaschen auf flachen Tellern anrichten und die Sauce darauftäufeln. Mit dem zerbröselten Amarettokeks bestreut servieren.

---

1 **Süßkartoffel-Salbei-Penne** 3 kleine geschälte und gehackte Süßkartoffeln in reichlich Salzwasser in 10 Minuten garen, 400 g Penne mit in den Topf geben und al dente garen. Abgießen, beides wieder in den Topf geben, dann 1 Handvoll gehackte Salbeiblätter, 25 g Butter und 25 g geriebenen Parmesan unterrühren. Würzen und sofort servieren.

2 **Süßkartoffel-Mandel-Penne** Den Backofengrill auf mittlerer Stufe vorheizen. 2 geschälte Süßkartoffeln in Stücke schneiden und mit 1 EL Olivenöl beträufeln. Unter dem vorgeheizten Backofengrill in 10–15 Minuten weich backen. 400 g Penne al dente garen. 100 g Mandeln und 50 ml Wasser mit dem Stabmixer zu einer Paste verarbeiten. In einer Pfanne 25 g Butter erhitzen, die Paste einrühren und in 3–5 Minuten eindicken lassen. 25 g geriebenen Parmesan und 1 Spritzer Zitronensaft zugeben und weiterköcheln. Pasta abgießen, wieder in den Topf geben und mit der Mandelsauce und den Süßkartoffeln mischen. Mit Salz und Pfeffer würzen und sofort servieren.

Stichwortregister

*Die Seitenzahlen in kursiver Schrift
verweisen auf Fotos.*